„Kein Weg ist lang mit einem
Freund an der Seite.“

Japanische Weisheit

Vor beinahe zwanzig Jahren hatte ich eine Zeit lang in Südspanien, Andalusien, gelebt und dort unter anderem mit Pferden gearbeitet. Damals wurde mein Traum geboren, irgendwann vielleicht von diesem schönen Land aus bis in mein Heimatland Österreich zu reiten. Seither verfolgte mich dieser Gedanke unablässig, ich wusste, der richtige Zeitpunkt würde kommen, um diesen Traum Wirklichkeit werden zu lassen.

Mein Leben wurde seit meiner Kindheit von meiner Liebe zu den Pferden und zur Natur bestimmt. Solange ich denken kann, bedeutete für mich Glück, vom Rücken eines Pferdes aus die Welt zu betrachten. Als dann in den letzten Jahren immer wieder vom legendären Jakobsweg zu hören war, wurde ich hellhörig. Eine Pilgerreise mit meinem Pferd – ja, das war es!
Mein ursprüngliches Vorhaben von Spanien nach Österreich zu reiten, würde ich ganz einfach umgekehrt angehen.
Santiago de Compostela sollte mein Ziel sein.

Am neunten März 2000 wurde mein erstes selbstgezogenes Fohlen geboren – ein Hengstchen, das ich auf den Namen Galipolis taufte. Als es so süß und klein im Stroh lag, wusste ich, mit diesem Pferdchen würde ich meinen Ritt nach Santiago machen!
Doch ein paar Jahre musste ich mich noch gedulden.

Er wuchs wohlbehütet mit drei anderen Hengstfohlen auf, die nach ihm auf unserem Hof geboren wurden. Galipolis entwickelte sich zu einem hübschen, intelligenten Pferd mit hervorragenden Grundgangarten und mit einem sehr angenehmen Charakter – stets lernbegierig und sehr motiviert bei der Ausbildung, mit der ich im Alter von dreieinhalb Jahren begann. Im Gelände war er von Anfang an trittsicher, fleißig und durch nichts aus der Ruhe zu bringen. Es machte wirklich Spaß, ihn zu reiten.

2004 wurde mein Mann nach einem Arbeitsunfall längere Zeit arbeitslos. So schlimm das auch war, für mich war nun die Zeit gekommen, meinen Traum zu verwirklichen. Die Beziehung zu meinem Mann war durch das ständige Beisammensein etwas angespannt, auch deshalb musste ich dringend mal raus aus dem Alltagstrott.

Die Zeit war reif für den Ritt nach Santiago, in jeder Hinsicht!
Mein Sohn war mit seinen sechszehn Jahren schon sehr selbst-ständig, er machte eine Lehre als Konditor und würde wohl ein paar Monate ohne Mama auskommen.

Beruflich hatte ich meinen Kindheitstraum verwirklicht, ich führte einen Reiterhof mit Einstellpferden, bildete Reiter und Pferde aus und nebenbei züchtete ich noch im kleinen Rahmen Warmblutpferde und Andalusier.
Den Hof hatten mein Mann und ich vor einigen Jahren gekauft. Es fiel mir nicht ganz leicht, einfach für ein paar Monate wegzugehen. Aber ich hatte in den letzten Jahren meine gesamte Energie in diesen eigenen Reitstall gesteckt und fühlte mich nun ausgelaugt und müde. Ich liebte meine Arbeit, aber ich brauchte unbedingt eine Veränderung, eine Verlangsamung, die ersten Anzeichen eines „burn-outs" konnte ich kaum noch verdrängen.

Als ich meine Familie vor vollendete Tatsachen stellte und ihnen mitteilte, was ich vorhatte, hielten sie mich bestimmt für verrückt und glaubten nicht daran, dass ich wirklich vorhatte, über 3.000 Kilometer nach Spanien zu reiten.
Aber ich war fest dazu entschlossen und hatte nicht vor, mich durch pessimistische „Voraussagen" von meinem Vorhaben abbringen zu lassen.
Meine Schulpferde bekamen Mitreiter, der Reitunterricht wurde einer fähigen, netten Einstellerin übergeben und eine Stallhilfe hatte ich ja sowieso eingestellt. Und meine Mutter versprach, ab und zu im Haushalt auszuhelfen. Mein Mann würde die Leitung des Reitbetriebes übernehmen, ich hatte Vertrauen, dass alles klappen würde. Man denkt doch meistens, dass man unabkömmlich ist, aber das stimmt nicht! Auch mir würde es sehr gut tun, alles Gewohnte eine Zeit lang loszulassen.

Voller Vorfreude begann ich nun mit den Vorbereitungen:
Ich kaufte Pilgerführer in Buchform, studierte sie hingebungsvoll, es gibt sogar herrliche Listen, was man alles einpacken soll! Leider fand ich keine Informationen über Pilgerreisen mit Pferd. Es gibt tolle Herbergsführer, aber keine Angaben, wo man auf dem legendären Jakobsweg mit einem Pferd übernachten könnte. Aber

darüber machte ich mir keine Gedanken, alles würde sich ergeben, so wie es gut war.

Sorgen machte mir die Auswahl des besten Sattels, er musste meinem Pferd gut passen, ich sollte mich darauf wohl fühlen und außerdem durfte er auch nicht zu schwer sein.

Unzählige Trekking- und Westernsättel probierte ich aus, keiner sagte mir richtig zu, ich war schon ganz verzweifelt. Schließlich war dies eine wichtige Entscheidung, mein Pferd sollte damit doch monatelang bequem laufen können, ohne Druckstellen und Schmerzen zu bekommen.

Ich gab die Sattelsuche auf und entschied mich, meinen alten Dressursattel, der Galipolis gut passte und den ich wirklich liebte, zu nehmen. Eine etwas ungewöhnliche Wahl, aber mein Gefühl sagte mir, dies sei die beste Entscheidung.

Ein Sattel ist für das Pferd wie ein paar Schuhe für den Wanderer!

Die Befestigung der Satteltaschen war nicht so einfach auf dem Dressursattel, aber mit etwas Fantasie und zahlreichen Bändern und Karabinern war auch das kein großes Problem.

Rückblickend würde ich einen Sattel mit einer größeren Auflagefläche bevorzugen wie zum Beispiel den „Sommer Evolution Wanderreitsattel", den ich jetzt benutze.

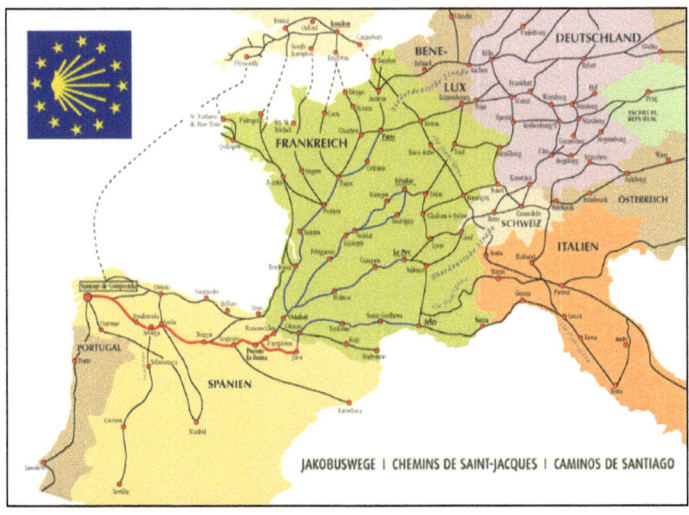

Aufbruch!

Die letzten Nächte vor dem Aufbruch schlief ich schlecht. Ich begann mein Vorhaben in Frage zu stellen: War ich nicht doch verrückt, 3.100 km durch halb Europa, alleine, ohne Begleitfahrzeug, einfach drauf los zureiten?

Ein bisschen verrückt musste ich wohl sein, um so etwas in Angriff zu nehmen, doch das Abenteuer lockte, es gab für mich kein Zurück – diese Sehnsucht, das Ziehen in meiner Brust beim Gedanken an mein Vorhaben und die damit verbundene Vorfreude konnte nur bedeuten, dass ich das Richtige tat!

Fernweh war schon immer ein Teil meines Lebens gewesen, und das musste ich auch von Zeit zu Zeit ausleben ...

Für ein gezieltes Aufbautraining meines Pferdes fehlte mir die Zeit, allerdings machte ich mir nicht allzu große Sorgen deswegen, da mein Hengst den größten Teil seiner Weidezeit damit verbrachte, den Zaun entlang zu laufen und dadurch eine gute Grundkondition aufbaute. Leider war er zu seinem Koppelpartner, einem Wallach, ziemlich aggressiv geworden, daher musste er seit einigen Wochen alleine bleiben. Das tat mir sehr leid, aber da viele Stuten auf unserem Hof lebten, duldete Galipolis seit dem Frühjahr keinen möglichen Rivalen neben sich, dieser wurde gehetzt und gebissen. Nach meiner Rückkehr musste ich mir etwas überlegen, denn Einzelhaltung soll nicht sein Schicksal bleiben.

Im Sommer herrschte immer Hochbetrieb in unserem Stall. Ich gab Reitunterricht, veranstaltete Reitercamps für Kinder, die zwar gute Einnahmen brachten, aber auch viel Arbeit, an den Wochenenden besuchte ich mit einigen meiner Reitschüler kleinere Turniere.

Außerdem vertrat ich als Obfrau unseren Reitclub in der Öffentlichkeit, wir luden jährlich zu einem Reitturnier ein und viele meiner Schüler legten jeden Sommer Prüfungen wie Reiterpass, -nadel oder Lizenz ab, darauf musste ich sie reiterlich vorbereiten.

Kurz gesagt, meine Tage waren vollkommen ausgefüllt.

Neben all den anderen Arbeiten, die auf dem Hof anfielen, blieb mir dadurch nur wenig Zeit für mein Pferd Galipolis. Trotzdem unternahm ich längere Ausritte mit ihm. Unser bergiges Alpenvorland eignete sich gut für Kraft- und Ausdauertraining.

Am achzehnten August war es endlich soweit.

Nach der Abschiedsparty, bei der ich zu spüren bekam, dass noch immer keiner wirklich an das Gelingen meines Vorhabens glaubte (außer mir natürlich), verließen wir am ersten schönen Tag nach einer verregneten Woche unser Zuhause.

Mit gemischten Gefühlen ritt ich weg – etwas unsicher, mit einer Spur schlechtem Gewissen meiner Familie gegenüber, aber mit jedem zurückgelegten Kilometer wuchsen mein Glück und die Lust nach Abenteuer und dem Unterwegssein …

Ich denke, mein Vierbeiner ahnte, dass dies kein normaler Ausritt war, denn am ersten Tag, der uns nach Ludwigsdorf bei Zeillern führte, war er ungewöhnlich faul und unwillig. Ständig wollte er umkehren. So kannte ich meinen immer fleißigen Galipolis überhaupt nicht.

An diesem heißen Sommertag überquerten wir unseren ersten Berg, den Hochkogel auf der asphaltierten Straße. Ich fand keine gute Alternative.

Die ersten Tage ging ich viel zu Fuß, um mein Pferd langsam an die Strapazen zu gewöhnen. Ich hatte mir vor meiner Reise einige Reitställe in Österreich, die auf unserer Strecke lagen, aus dem Internet gesucht. Meine erste Station war ein kleiner, neuer Hof, wo wir überaus herzlich aufgenommen wurden. Obwohl ich mit einem Schlafplatz im Reiterstüberl zufrieden gewesen wäre, durfte ich ein gemütliches Zimmer beziehen.

Am zweiten Tag endlich stieß ich auf die Jakobswegmarkierungen bei Zeillern. Hier holte ich mir beim Pfarrer meinen ersten Stempel für meinen Pilgerausweis. Dabei wäre mir beinahe mein Pferd weggelaufen, wäre nicht in der Nähe des Pfarrhauses ein Apfelbaum mit saftigem Fallobst gewesen, dem Galipolis nicht widerstehen konnte.

Ich hatte einen Halsriemen aus dickem, dreifach genähten Leder und einen Anbindestrick mit einem starken Karabiner gekauft um kein Risiko einzugehen. Ein Hengst kann enorme Kräfte entwickeln, um sich zu befreien, wenn Pferdedamen in der Nähe sind und ich wollte diesbezüglich kein Risiko eingehen.

Nun aber, beim ersten Halt – ich ließ mein Pferd doch nur kurze Zeit unbeaufsichtigt – löste sich der Karabiner von diesem teuren Strick wegen eines Verarbeitungsfehlers, den ich beim Kauf nicht bemerkt hatte. Darüber ärgerte ich mich kurz, aber mit einem ordentlichen Knoten war das Problem für den Rest der Reise behoben.

Die Markierungen des Jakobsweges auf dem ersten Teil des Weges waren kaum zu finden, kleine Holztäfelchen mit der Jakobsmuschel waren meist an Bäumen angebracht. Versteckt, überwachsen von Gestrüpp oder verwittert und schlecht erkennbar. Ohne die gute Beschreibung meines Buches hätte ich den Weg kaum gefunden. Natürlich hatte ich mir zusätzlich eine Karte der Gegend besorgt, im Maßstab 1:200.000, das genügte.

Nicht immer folgten wir dem beschilderten Jakobsweg, da ich gerne größere Orte mied und statt asphaltierten Straßen, wenn möglich, weichere Feldwege benutzte.
Unser Weg führte uns an diesem Tag nach St. Valentin, Galipolis war nachts wiederum in einem komfortablen Reitstall und ich schlief bei Verwandten meines Mannes.
Um die erste größere Stadt, Linz zu umgehen, hielt ich mich südlich der Donau, der Jakobsweg dagegen führte bei Mauthausen nördlich der Donau weiter.
Nun verritt ich mich zum ersten Mal. Ärgerlich, denn es war sehr heiß und die Mücken unausstehlich. Mein Pferd sollte noch eine richtige Hysterie gegen diese Plagegeister entwickeln ...
Im Glauben, bereits am Weikerlsee angekommen zu sein, ritt ich einen Seitenarm der Donau entlang, eine halbe Stunde kostete uns dieser Irrtum. Aber mir blieb ja noch viel Zeit um mich im Karten lesen zu üben. Nach sechseinhalb Stunden erreichten wir schließlich unser Ziel, einen großen Reitstall in Linz-Ebelsberg. An Kondition fehlte es mir gewaltig, sämtliche Muskeln schmerzten. Ob es meinem Pferd auch so erging? Er machte zum Glück einen entspannten Eindruck. Ich duschte ihn kalt, er schien es zu genießen genau wie die Pferdegesellschaft in den Nachbarboxen nach ausgiebigem Wälzen in der Reithalle. Wir wurden wieder sehr gastfreundlich aufgenommen, ich durfte in einem leeren Pferdepflegerzimmer gratis übernachten.

Eine tolle Erfahrung von Beginn an: Erzählte ich von meinem Vorhaben, wurde ich oft eingeladen. Obwohl ich ungläubige zweifelnde Blicke erntete … es half mir sehr, denn so eine lange Reise mit Pferd ist natürlich eine kostspielige Sache. Ich lernte aber sehr schnell, mit dem Nötigsten auszukommen und das tat mir gut. Außerdem war ich oft gezwungen, auf fremde Menschen als Bittstellerin zuzugehen, zu fragen: Können Sie mir helfen? Kann ich bei Ihnen nächtigen?

Zelt und mobiler Weidezaun wären natürlich eine Alternative gewesen und hätte den Ritt anspruchsvoller und autarker gestaltet. Doch ohne Packpferd? Zuviel Gepäck …

Es kostete mich am Anfang Überwindung, da ich meistens versuchte, allein mit allem klarzukommen. Nun durfte ich endlich notgedrungen lernen, Hilfe von anderen zu erbitten und anzunehmen – eine wertvolle Erfahrung des Pilgerns.

Diese Strecke der Donau entlang war wunderschön – weiche, ebene Wege, herrlich zu reiten. Wären die Schwärme von langbeinigen rücksichtslos lästigen Mücken mit den schmerzhaften Stichen nicht gewesen …

Viele Etappen entlang an traumhaften Flüssen sollten noch folgen: Traun, Rhein, Rhone, Lot, Garonne … aber noch war ich am Beginn meines Abenteuers. Einige tausend Kilometer vor mir zu haben schien zu diesem Zeitpunkt irgendwie irreal.

Andererseits zweifelte ich nie am Erfolg meines Vorhabens, wenn auch manchmal das Gewissen plagte: Mutete ich meinem doch sehr jungen Pferd zuviel zu? War es nicht auch sehr egoistisch, einfach für Monate meine Familie zu verlassen? Diese Sorgen quälten mich anfangs ab und zu. Aber ich war schon infiziert – ein ganz besonderer Virus, der (Sehn-)Sucht – auf nach Santiago!

Andere Pilger, die zu Fuß meinen Weg kreuzten, bestätigten mir dieses Phänomen: Man wacht morgens auf und der Drang ist da, egal ob es regnet oder einem die Hitze zu schaffen macht – immer weiter, weiter!

Ein sehr gutes Gefühl, man marschiert einen Berg rauf und will unbedingt da oben ankommen, um zu wissen, was dahinter ist. Das Gleiche passiert bei jeder Kurve. Was erwartet einen? Und schon kommt die nächste …

Ich war schon immer ein sehr naturverbundener Mensch. Manchmal war mir zum Weinen, dann zum Jubeln, Singen, Beten, wenn ich durch stille Wälder, über Berge oder durch Felder ritt. Hier fühlte ich mich ganz, Zuhause, bei mir – begleitet von der Präsenz meines geliebten Gefährten, sein Schnauben, seine Kraft, sein Vertrauen und diese Sanftheit seiner Augen.

Mit allen Sinnen nahm ich bei dieser langsamen Fortbewegung das Leben um mich herum auf. Man sieht plötzlich so vieles, woran man normalerweise in Gedanken versunken vorbeihastet. Der Kopf wird stiller, das Herz spürbarer.

Tiefe Dankbarkeit erfüllte mich, auf dieser herrlichen Erde sein zu dürfen. Für mich war es richtig, ohne Begleitung zu reisen, niemand lenkte mich ab, ich brauchte diese Zeit um nur mit mir alleine zu sein, abgesehen von meinem vierbeinigen Kameraden. Abends traf ich ohnehin meist liebenswerte Menschen.

Der Weg von Linz-Ebelsberg nach Stadl-Paura an einem Tag war unsere erste richtig harte Prüfung.

Der Tag begann mit schönem Wetter, aber allmählich wurde es sehr wechselhaft. Mal Regen, mal Sonne, richtig ermüdend. Ich wollte zu einem Bekannten nach Stadl-Paura, der einen Stall mit prächtigen Friesen hatte und uns ein Quartier geben würde. Leider musste ich nach der Stadt Wels die Traun verlassen da der Uferweg nicht reitbar war. Die Mücken waren sowieso unerträglich gewesen. Nun mussten wir eine ziemlich lange Strecke auf asphaltierten Straßen zurücklegen. Auf den letzten mühsamen Kilometern wurde es dunkel und es begann heftig zu regnen. Völlig erschöpft erreichten wir unser Nachtquartier nach über neun Stunden. Zu viel, waren wir doch beide konditionell noch nicht top. Ich nahm mir vor, in Zukunft morgens früher aufzubrechen. Leider war ich ein richtiger Morgenmuffel.

Erschöpft, ohne Abendessen schlief ich sogleich auf meiner Liege im Reiterstüberl ein, nachdem ich Galipolis gut versorgt in einer geräumigen Box untergebracht hatte. Nachts hörte ich ihn wiehern. Ob er wohl Heimweh hatte? Oder nur Sehnsucht nach einer der hübschen Friesenstuten im Stall?

Vielleicht träumte ich es auch nur.

Mich hatte der Ritt vom ersten Tag an in seinen Bann gezogen, ich lebte endlich in der Gegenwart, genoss oder litt jede Minute dieses Pilgerlebens intensiv, es war so anders, zwar mit Strapazen verbunden, aber gleichzeitig so einfach ohne den ganzen Ballast und Müll, den man so im Laufe der Zeit anhäuft an materiellen und mentalen Dingen.

Ich hatte das bald weitgehend hinter mir gelassen und fühlte eine Freiheit, die mir sehr gut tat. Auch wenn es nur für eine begrenzte Zeit sein würde und ich wieder in den Alltag mit seinen ganzen Schwierigkeiten und oft unnötigen, selbsterschaffenen Problemen zurückkehren musste. Jetzt hatte ich Zeit um diese Sehnsucht nach Freiheit und einfachem Dasein auszuleben.

Wie wenig ich doch in meinen Packtaschen mitgenommen hatte und es fehlte an nichts!

Zwei Jodpurhosen, angenehm zum Reiten und bequem zum Marschieren, vier T-Shirts, eine Fleecejacke, lange Thermo-Unterwäsche in weiser Voraussicht, viermal Unterwäsche und Socken, Regenhose und einen Wachsmantel als Regenschutz, der allerdings zwei Kilo wog, und den ich bald nach Hause schicken sollte wegen des unnötig hohen Gewichts. Ich kaufte mir stattdessen einen dünnen Regenponcho, der viel angenehmer war und auch nur wenig Platz benötigte.

Den meisten Platz brauchten die Toiletteartikel. Man glaubt kaum, was Zahnpaste, Duschgel, Cremes, … wiegen, auch wenn ich meist nur ganz kleine Packungen bei mir hatte. Ich war streng mit mir beim Einpacken gewesen und hatte nur wirklich nötige Dinge mitgenommen, trotzdem – es war eine ganze Menge.

Einen großen Glücksgriff hatte ich mit meinen Lowa Wanderschuhen gemacht. Sie waren mit 199 Euro zwar sehr teuer für meinen Geschmack, aber diese Ausgabe hatte sich gelohnt. Meine Füße dankten es mir fast vier Monate lang.

Der nächste Tag, Tag fünf unserer Reise, führte uns durch einen einsamen, schönen Wald bis Desselbrunn in Oberösterreich. Wir befanden uns nicht am markierten Jakobsweg, sondern benutzten einen schöneren, leicht reitbaren Alternativweg, den mir mein letzter Gastgeber Wolfgang verraten hatte. Ich war ihm dafür sehr dankbar und nutzte auch im Laufe der weiteren Reise noch oft die Ortskenntnisse der ansässigen Bevölkerung.

Mittags fand ich ein kleines Gasthaus mit Anbindemöglichkeit für Galipolis und gönnte mir ein seltenes, warmes Mittagessen.

Normalerweise zog ich es vor, in einem Supermarkt einzukaufen und auf einer saftigen Wiese Picknick für uns beide zu machen. Schon nach einigen Tagen verzichtete ich darauf Galipolis dabei anzubinden, vorausgesetzt es waren keine anderen Pferde in der Nähe.

In Vöcklabruck fand ich Aufnahme in einem Reitstall und abermals schlief ich in einem Reiterstüberl neben einem kleinen Gasofen, denn es war kalt und meine vom Regen nasse Kleidung konnte über Nacht trocknen. Nun regnete es täglich immer wieder und meine gesamte Kleidung fühlte sich bereits unangenehm feucht an.

Am nächsten Nachmittag verzweifelte ich beinahe, wir kamen in ein heftiges Gewitter und es regnete in Strömen. Sieben Kilometer trennten uns von meinem geplanten Quartier. Ich ritt eben durch einen kleinen Wald und wünschte mir nichts sehnlicher als eine trockene, geschützte Zuflucht.
Das Universum meinte es gut mit uns – ich traute kaum meinen Augen: Der Wald lichtete sich und plötzlich lag eine schöne Reitanlage vor uns. Welch Freude!
Solche Zufälle, schnell erfüllte Wünsche und Hilfe bei Sorgen, sollte ich noch oft erfahren auf meinem Jakobsweg.

Die Besitzerin war leider verreist, aber ihre kleine Tochter rief sie an und wir durften bleiben. Das Vertrauen rührte mich, das kleine Mädchen wies mir ein Zimmer in ihrem schönen Haus zu. Die Hausherrin lernte ich erst am nächsten Morgen beim Frühstück kennen, da sie erst spät in der Nacht heimkehrte.
Es ist schon unglaublich, dass diese Dame mir Unterkunft gewährte, ohne mich zu sehen. Schön, dass es Menschen gibt, die noch vertrauen können.
Beim Frühstück erfuhr ich dann ihre traurige Geschichte.
Der Ehemann und Vater lag mit Krebs im Endstadium (wie kalt das klingt ...) im Krankenhaus. Ich dachte noch oft an diese Familie später und bat Gott, ihnen beizustehen.
Ich glaube fest an die mentale Kraft der Gedanken die uns verbindet und Positives bewirken kann.
Manche Menschen sagen, dies sei Unsinn, aber für mich ist das so sicher wie eine Telefonverbindung.

Wir haben unsere Fähigkeiten verkümmern lassen. Versteht man sich nicht oft ohne Worte oder weiß im Vorraus, was uns jemand sagen will, wenn er zu sprechen beginnt? Weiß man nicht oft schon beim Läuten des Telefons, wer dran ist? Also glaube ich auch daran, dass man Botschaften mental von Herz zu Herz senden kann.

Doch zurück zu meiner Reise:
Der siebente Tag entwickelte sich zu einem Gewaltmarsch bei teilweise heftigem Regen. Ich näherte mich dem Bundesland Salzburg. Bis jetzt hatten wir nicht allzu viele Höhenunterschiede zu bewältigen gehabt, der heutige Tag hatte es aber in sich.
Bei einem Bauern lief uns eine kleine Shetlandponystute hinterher, die frei beim Haus gehalten wurde. Obwohl die Besitzer dabeistanden, konnten sie sie nicht zurückhalten, sie verfolgte uns den Berg hinauf. Die Bäuerin lief schreiend hinterher und fing das freche Tier ein, dieses riss sich aber immer wieder los und schon war es wieder hinter uns.
Es war zermürbend, ich stoppte, bis die Stute gefangen war, und kaum glaubte ich, sie endlich los zu sein, kam sie wieder mit ihren kurzen Beinchen angaloppiert! Naja, Galipolis war auch ein hübsches Hengsti – wenn aber ein bisschen zu groß …
Als die Ponystute endlich, unter Widerstand, abgeführt wurde, war es spät, und ich hatte noch zwölf Kilometer vor mir, denn ich hatte wiederum per Telefon um ein Nachtquartier angefragt. Auch diese Adresse hatte ich im Internet gefunden. Wir erreichten den Wallersee bei herrlichem Sonnenuntergang. Schmale Wege führten uns den See entlang, die bestimmt nicht für Pferde angelegt waren. Die Dunkelheit erreichte uns schneller als wir unser Ziel.
Beinahe schlief ich schon beim Abendessen ein. Meine Gastgeberin hatte sich Mühe gegeben und wollte mir eine fette Käsekrainer aufzwingen und sich mit mir unterhalten. Ich aber wollte nur schlafen, und würgte schnell ein paar Butterbrote herunter.

Der nächste Tag wurde unser erster Ruhetag. Galipolis durfte den ganzen Tag auf einer großen Weide verbringen und nur Pferd sein. Ich aber litt hier bei diesen gastfreundlichen Menschen Qualen. Zu viele Katzen – siebzehn um genau zu sein – und Hunde waren im Haus und ich litt seit Jahren unter einer Allergie gegen Katzen, einige Pollen und Hausstaubmilben. Meine Augen schwollen zu, die Nase rann ohne Pause, die Niesanfälle waren unerträglich und nachts dachte ich, ich müsste ersticken. In meinem Zimmer roch es auch ziemlich nach Katze und Hund – sie schliefen hier, wenn kein Besuch da war.

Ich hätte wohl besser im Gasthaus in der Nähe bleiben sollen, aber ich wurde wieder mal so nett willkommen geheißen und verwöhnt, dass ich die Gastfreundschaft nicht ausschlagen wollte. Also holte ich mir gleich am nächsten Morgen ein Antiallergikum aus der Apotheke. Mein Notfall-Asthmaspray allein reichte nicht, um meine Beschwerden zu lindern.

Ich bekam viel Aufmerksamkeit und Zuneigung, wohl weil es für die Menschen etwas Besonderes war, wenn sie meinen Erzählungen lauschten, ich pilgere nach Santiago de Compostela, auch wenn die meisten nicht wirklich an den Erfolg meines Unternehmens glaubten.

Menschen fiel es leicht, einer Fremden auf Durchreise ihre Sorgen anzuvertrauen. Viele schütteten mir ihr Herz aus, und so hatte ich das Gefühl, etwas zurückgeben zu können als Dank für so viel Gastfreundschaft – einfach durch Zuhören. Wir alle möchten gerne gehört werden.

Ich begegnete Menschen, mit denen hätte ich gerne mehr Zeit verbracht, ich fühlte, es könnte Freundschaft daraus werden. Aber ich musste mich immer wieder trennen, wollte ich mein Ziel nicht aus den Augen verlieren.

So lernte auch ich loslassen – jeden Tag ein wenig mehr. Diese Pilgerreise war ein Abenteuer voller neuer Erkenntnisse. Durch das Alleinreisen hatte ich Gelegenheit, mich auf Fremde(s) einzulassen und vieles zu lernen beziehungsweise neu zu überdenken.

Tags darauf traf ich im Wald bei Maria Plain auf eine Wanderin, die mir erzählte, sie sei den Schweizer Jakobsweg gegangen. Und sie warnte mich eindringlich, dass der Brünnigpass mit dem Pferd auf dem markierten Weg unpassierbar sei, ich müsse die Straße nehmen und sollte das nur nicht vergessen. Einige Wochen später würde ich mich daran erinnern …

Wir passierten die Stadt Salzburg nur am Rande, vorbei am Fußballstadion und am Casino, kurz darauf waren wir schon wieder auf schönen, ruhigen Wegen unterwegs. Ich hatte mir wieder anhand von Karten Alternativwege gesucht, da ich nicht mitten durch die Stadt wollte. Irgendwo traf ich immer wieder auf die Jakobswegmarkierungen. Die folgende Nacht verbrachten wir in Walserberg bei einem Wirten mit ziemlich schäbigem Pferdestall. Ich aber freute mich über ein sauberes Zimmer. Meine Kurzatmigkeit war glücklicherweise schnell wieder verschwunden. Danach folgte eine wunderschöne Strecke über das „kleine deutsche Eck". Hier brachte ich uns aber in die erste wirklich gefährliche Lage. Ich hatte die Markierung verloren und fragte ein junges Pärchen nach dem Weg nach Unken. Sie zeigten mir den Wanderweg durch die Aschauerklamm. Ich fragte noch, ob man diesen mit einem Pferd passieren kann, denn das Wort „Klamm" warnte mich. Doch sie meinten mit Blick auf mein Pferd: „Kein Problem, der macht das schon!"

Doch schon nach hundert Meter begannen die Schwierigkeiten. Mein Herz raste vor Angst, als wir eine schräge Felsplatte überqueren mussten. Ich hoffte noch, dahinter würde es einfacher werden. Aber bald schon waren wir zur Umkehr gezwungen, unmöglich konnte Galipolis diesen immer enger werdenden Steig bewältigen. Er war durch die Packtaschen ja ziemlich breit und ich hatte Angst, er könnte in den Bach stürzen. Dieser lag zwar nur einige Meter tief, aber ein Absturz über den schroffen Felsen hätte unsere Reise schnell beendet.

Ich bewunderte mein trittsicheres Pferd, der mir ohne zu zögern voller Vertrauen folgte, und als wir wieder auf sicherem Areal waren, schwor ich mir, ihn nicht mehr in Gefahr zu bringen und nie wieder eine Klamm oder einen Steig zu betreten! Eigentlich ja logisch und mein Bauchgefühl hatte mich auch gewarnt, doch der Kopf hatte sich durchgesetzt oder die Bequemlichkeit? Ich wollte den Aussagen der unbekannten, zufällig Getroffenen vertrauen und mir nicht die Mühe machen, selber rauszufinden, ob es möglich ist … Ja, ich hatte noch zu lernen!

Und so folgten wir die nächsten Kilometer lieber der asphaltierten Straße.

Spät erreichten wir unser nächstes Quartier. Galipolis blieb diesmal zum ersten Mal nachts auf der Weide eines kleinen Reitstalles. Die Boxen waren alle besetzt. Anfangs machte ich mir große Sorgen, mein Hengst könnte ausbrechen und auf die naheliegenden Bahn-gleise laufen. Aber das viele saftige Gras ließ ihn wohl gar nicht auf diese Idee kommen und das elektrische Weideband hielt ihn davon ab, sich auf die Suche nach anderen Pferden zu begeben. Ich durfte im Gartenhäuschen auf einer Liege schlafen.

Als nachts ein heftiges Gewitter tobte und es arg regnete, fand ich keinen Schlaf mehr, ich machte mir Sorgen um meinen vierbeinigen Freund. Dieser litt wahrscheinlich nicht so sehr in dieser nassen Nacht, aber obwohl ich doch schon Jahrzehnte mit Pferden zu tut hatte und weiß, dass ein wenig Regen nicht schlimm ist, so sorgte ich mich trotzdem um mein Pferd. Galipolis war mein Kamerad, mein Weggefährte, ich war für ihn verantwortlich und ein trockener Platz zum Übernachten bei so einer Tour war natürlich besser geeignet um bei Kräften zu bleiben. Morgens weckte mich die junge Frau, die uns hierher gebracht hatte und lud mich zum Frühstück ein. Ich hatte sie am Abend „zufällig" nach einer Bleibe gefragt und sie hatte mich zu diesem Stall in der Nähe ihres Hauses geführt, wo sie selbst ein Pferd eingestellt hatte. Wieder mal war ich gerührt über so viel Freundlichkeit.

Nach einem gemütlichen Kaffeeplausch zog ich mit meinem Pferd guten Mutes weiter. Das herrliche Tirol lag vor uns. Entlang der Saalach und dem Loferbach bei traumhaftem Wetter ritt ich bis nach Waidrach, wo ich wiederum einen netten Reitstall fand, und ich nebenan, bei einem Bauern mit Fremdenzimmer, nächtigte.

Auch der folgende Tag war einfach schön. Flankiert vom mächtigen Gebirgszug „wilder Kaiser" bewegten wir uns auf gepflegten Wanderwegen. Galipolis war motiviert, spitzte seine Ohren und ein leises Kitzeln meiner Wade genügte und der Wind pfiff im Galopp um meine Ohren. Als wir in Söll ankamen, hatten wir wieder ca. sechsunddreißig Kilometer hinter uns, genug für mich, um später todmüde ins Bett zu fallen.

Meine Pension lag etwas oberhalb des Ortes, einige hundert Meter vom Bauernhof entfernt, wo Galipolis die Nacht verbringen konnte. Er hatte einen leeren Kuhstall für sich alleine und genug Heu zu fressen, außerdem saftige Äpfel, die ich vor dem Haus eingesammelt hatte. Ausgeruht und gut gelaunt erwachte ich tags darauf, nichtahnend, dass uns wieder eine anstrengende Strecke erwartete. Das Wetter war herrlich, die Wege anfangs wunderbar – ich war glücklich.

Der gekennzeichnete Jakobsweg führte am Inn entlang, ich wollte aber eine Alternativroute nach Breitenbach nehmen, da durch das Hochwasser der vergangenen Tage die Wanderwege am Flussufer unpassierbar waren. In einem kleinen Wald verlor ich jedoch die Markierung meines Weges und entschied mich bei einer Gabelung für den breiten, bequemeren Weg. Die zweite Variante war ein verwachsener, kaum erkennbarer Pfad. Doch leider erwies sich der anfangs so schön aussehende bald als Irrweg. Es ging bergab, darüber freute ich mich noch, doch plötzlich befanden wir uns wieder am Inn. Der Weg wurde zum Steig und dieser bald zur Hälfte weggespült. Wir waren genau dort, wo ich den Ratschlägen zufolge nicht hin sollte.
Ich kämpfte mit den Tränen. Die ganze Strecke mussten wir wieder bergauf zurück und es war heiß. Natürlich ging ich solche Strecken immer zu Fuß, um mein Pferd nicht unnötig zu belasten. Der Arme war sowieso schon völlig am Ende wegen der vielen angriffslustigen Mücken, die ihn unablässig attackierten. Das Mückenspray half nicht wirklich bei einem verschwitzten Pferd.
Wie es auch oft im Leben geschieht – ich hatte mich für den scheinbar leichteren Weg entschieden und war bald vor einer Sackgasse gestanden. Der anfangs schwierig erscheinende Weg erweist sich dann doch oft als der richtige, oder?

Endlich erreichten wir wieder die Weggabelung und nach einigen Metern durch diesen engen, verwachsenen Pfad waren wir auf einer schönen Wiese und bald darauf in unserem Quartier. Eigentlich wollte ich ja weiter bis zur nächsten Ortschaft, aber wir standen plötzlich vor einem Bauernhof mit Zimmervermietung und Pferden. Ich entschied, gleich hier Rast zu machen. Manchmal schafft man halt nicht, was man sich für den Tag vorgenommen hatte – Basta! Auch Erwartungen an uns selbst dürfen losgelassen werden.

Es gefiel mir hier gut. Galipolis bekam eine Koppel vor dem Haus, wo er sich bei reichlich Futter erholen konnte. Da kein Getreide zu finden war (obwohl ungefähr zwanzig Pferde auf dem Hof lebten), wurde kurzerhand der Altbauer angerufen, der auf der Alm Vieh hütete, und dieser nette Herr brachte sogleich einen Sack Gerstenschrot. Die hauseigenen Pferde waren auf engen Ständen untergebracht, außer Galis kleiner Koppel sah ich auch keine eingezäunten Weiden. So ein schöner Hof mit Pferdemalerei an der Hausmauer und so schlechter Haltung. Darüber war ich enttäuscht und traurig.

Trotz meines bequemen Bettes lag ich lange wach. Es klingt eigenartig, aber ich war einfach zu erledigt, um Schlaf zu finden.

Nach dem Frühstück legte ich mich nochmals hin und schon war ich eingeschlafen. So war es bereits elf Uhr und wieder ziemlich heiß, als wir uns schlussendlich auf den Weg machten.

An diesem Tag mussten wir leider viel auf Asphalt gehen, ich verließ wieder die Jakobsmarkierungen und orientierte mich nach meiner Karte. Unterwegs, einen schönen Waldweg steil bergab folgend, bewies mir mein Pferd wieder mal seine Klugheit. Plötzlich blieb er stehen und war nicht dazu zu bewegen, weiterzugehen. Solch störrisches Verhalten kannte ich gar nicht an ihm. Ich sah genauer hin und bemerkte, dass das dicke Schafwoll-Sattelpad fehlte!

Ich hatte vergessen, den Sattelgurt fest zu ziehen nach unserer letzten Pause. Wäre er nicht so stur stehen geblieben, wann hätte ich es wohl bemerkt? Ich war damit beschäftigt gewesen auf den steinigen Weg zu achten. Also band ich Galipolis an einem Baum fest und ging zurück, um das Pad zu suchen. Zum Glück hatte ich es bald gefunden, diese gute Sattelunterlage durfte ich nicht verlieren.

Am späten Nachmittag entdeckte ich auf meiner Karte: „Stutenhof". Da müssen wir hin, dachte ich, doch als wir davor standen, musste ich über mich lachen: ein verlassener, riesiger Hof lag vor uns.

Vor vielen Jahren war es bestimmt ein herrliches Anwesen gewesen, doch jetzt war es nur noch eine Ruine. Schade.

Also zogen wir weiter, voller Zuversicht im nächsten Ort eine Bleibe zu finden.

Und wirklich, noch vor dem Ortsschild von Jenbach empfingen uns Haflinger auf einer Weide. Ich fragte sogleich beim dazugehörigen Hof, doch leider hatten sie keinen Platz für einen Hengst. Aber netterweise beschrieben sie mir den Weg zu einem anderen Stall, wo ich eine schöne Box für mein Pferdchen bekam, und, obwohl ich beteuerte, im Stroh schlafen zu können, auch ein nettes Zimmer für mich. Außerdem kam ich mit einer Nachbarin ins Gespräch, die mit mir die Vorliebe für iberische Pferde teilte, und so kam es, dass ich bei ihr zum Spaghetti-Essen eingeladen wurde.

Als ich zurückkehrte, empfingen mich meine enttäuschten Gastgeber. Auch sie hatten extra für mich gekocht. Um sie nicht zu kränken, würgte ich noch einen halben Teller Suppe runter. Sie schmeckte ja ausgezeichnet, aber mehr ging einfach nicht!

Morgens erwartete mich noch ein ausgiebiges Frühstück und später, bei meinem Abritt, weigerten sie sich vehement, eine Bezahlung anzunehmen. Die Welt ist voller netter liebenswerter Menschen. Sie warten sozusagen am Wegesrand, wir müssen nur auf sie zugehen. Schön!

An diesem Tag las ich leider sehr oft: „Reiten verboten!". Es war schon verrückt, Verkehrslawinen rollten an mir vorbei, die Abgase und der Lärm waren fürchterlich, und einem Pferd verbot man den Weg. So ging ich diese Strecken eben zu Fuß, um keinen Ärger heraufzubeschwören, beziehungsweise niemanden zu ängstigen. Die Straße zu benützen, wäre hier ja lebensgefährlich gewesen.

Später erfuhr ich, ein Pilger darf angeblich alle Wege bereiten, ob das stimmt? Weil wir ein edles Ziel haben? Guter Gedanke.

Wir kamen durch das wunderschöne Maria-Larch-Tal. Eigentlich wollte ich in Gnadenwald Halt machen, da ich dort einen Reiterhof wusste. Aber es war so ein schöner Tag und früher Nachmittag. Also zogen wir weiter. In Absam machten wir Rast auf einer Wiese, Gali konnte fressen und ich saß neben ihm im Gras und studierte die Karte. Ein älterer Herr sprach mich an, er hatte vor Jahren ebenfalls ein Pferd besessen und war dadurch neugierig.

Er meinte, bis Innsbruck fände ich keinen Hof zum Übernachten, da es in diesem Gebiet nur Gemüsebauern gäbe. Aber er hätte einen Bekannten, einen Wirten, der früher mal Pferde besessen hätte und den wollte er fragen, ob er Platz für uns habe. Da er gleich in der Nähe wohnte, holte er schnell sein Auto und fuhr zu ihm. Wir hatten es gemütlich auf der Wiese und beinahe eine Stunde später kam er mit der Zusage des Wirtes zurück. Er hatte in der Zeit, die ich mit warten zugebracht hatte, geholfen, den alten Stall, der inzwischen als Abstellraum diente, auszuräumen und für Galipolis herzurichten.

Wir mussten ein Stück des Weges zurückgehen, was ich gar nicht gerne mochte. Ich wollte ja weiter, Richtung Westen und es war mir zuwider, auch nur einige hundert Meter zurück zu gehen.

Galipolis verbrachte seine erste Nacht in einem Stand. Der Wirt brachte einen Sack Heu und beim Stöbern im Stall fand ich sogar noch einen Sack mit Mais. Also wieder ein ordentlicher Speiseplan für mein Pferd. Ich konnte allerdings kaum schlafen, weil ich Angst hatte, Gali könnte sich verletzen und ging nachts nachschauen, ob alles in Ordnung war. Ich sorgte mich um mein Pferd, er wuchs mir doch jeden Tag mehr ans Herz. Bisher hatte ich doch immer sichere Boxen oder schöne Weiden für ihn gefunden. Bis zum Anbruch der Nacht hatte ich ihm eine Koppel zwischen Obstbäumen gebastelt aus einem Weidezaunband, das ich im Stall gefunden hatte.
Und gleich nach Sonnenaufgang stellte ich ihn wieder dahin und obwohl kein Strom drin war, blieb er brav in seiner Umzäunung. Später sollte sich das noch ändern ...

Das Gasthaus hatte Ruhetag, also lud man mich ein, mit der Familie zu Abend zu essen. Wieder mal betrachtete man mich ungläubig, als ich erklärte, wohin mich mein Weg führen sollte. Der Zweifel stand ihnen deutlich ins Gesicht geschrieben.
Da der markierte Jakobsweg quer durch Innsbruck verlief und ich uns das nicht antun wollte, wählte ich eine Route, die uns hoch über der Stadt außen herum brachte. Wunderschön war die Aussicht auf Innsbruck auf circa 900 m Seehöhe, wo wir auf schönen Wanderwegen pilgerten. Allerdings war der Aufstieg extrem steil, steinig und anstrengend gewesen. Ich suchte die Wege ja in meiner Karte, und nicht immer wählte ich den einfachsten, wenn ich den kürzesten folgte.
Ich fand ein schönes Plätzchen für unsere Mittagsrast, ein Gasthaus in Rechenberg. Gemütlich in der Wiese liegend beobachtete ich näher kommende Gewitterwolken. Zeit um weiter zu ziehen! Trotzdem holte uns das Regenwetter ein. Das war aber nicht schlimm, da unser Weg durch dichten Wald führte und die Bäume uns etwas Schutz boten. Ich hätte sicherlich einige Male den Weg verfehlt, doch ich traf trotz ungemütlichem Wetter einige Wanderer, die mir weiterhalfen. Eine Wanderkarte bei strömenden Regen zu studieren ist kein erfolgversprechendes Unterfangen.

Endlich erreichten wir in den kleinen Ort Unterperfuß. Stundenlang im Regen unterwegs zu sein strengt an.

Ich entschloss mich abermals einen Ruhetag einzulegen. Wir waren nun seit fünfzehn Tagen unterwegs. Für Galipolis fand ich einen Pferdehof und er genoss sichtlich seinen trockenen Stall, die ansehnliche Haferration und die Gesellschaft anderer Pferde. Ich leistete mir ein Zimmer gleich im Gasthaus nebenan und auch ich fand nette Gesellschaft und gute Unterhaltungen beim Abendessen. Den Ruhetag nutzte ich zum einkaufen, Wäsche waschen und vor allem zum schlafen. Dankbar lernte ich einiges sehr zu schätzen – ein sauberes, duftend weiches Bett, eine Badewanne, einfach herrlich! Wunderbare Selbstverständlichkeiten, über die wir daheim kaum nachdenken.

Ausgeruht ging es weiter – bei sommerlichen Temperaturen und mit viel Asphalt unter den Hufen kamen wir nach Haiming. Ich übernachtete im Matratzenlager einer Naturfreundehütte, hundert Meter entfernt von einem kleinen Haflingerhof, wo man Galipolis aufnahm, wieder mal ohne Bezahlung dafür anzunehmen.

Abends im Vereinshaus traf ich auf eine lustige Runde Wanderer. Ich wurde auf einige Gläser Wein eingeladen und ging mit einem Schwips ziemlich spät zu Bett. Ein bisschen hatte ich solch geselliges abendliches Beisammensein schon vermisst.

Tags darauf hatte ich Schwierigkeiten, eine Wegbeschreibung zu verstehen, tirolerisch hörte sich beinahe wie eine Fremdsprache für mich Niederösterreicherin an.

Ich verfehlte den Weg und wir mussten zwei Kilometer auf einer sehr stark befahrenen Bundesstraße zurücklegen. Auf der Hälfte der Strecke war noch dazu eine Mauer auf der rechten Seite und zum Schluss erwartete uns noch ein Tunnel von sechzig Meter ohne Fußgängerstreifen – keine Chance, um bei Gefahr auszuweichen.

Wir machten viele neue, unbekannte Erfahrungen. Mein Pferd war jung und unerfahren, daher schwitzte ich vor Stress, als die Autos und LKWs an uns vorbeibrausten, als wären wir unsichtbar
Aber es sollte noch schlimmer kommen an diesem Tag.
Kurz vor Ried überquerten wir eine schmale Fußgängerbrücke. Waren doch nur zwei, drei Meter. Bei den letzten Tritten gab sie

jedoch unter unserem Gewicht – wohl eher Galis Gewicht – nach und hing plötzlich ganz schief da! Es war zwar nur ein etwa ein Meter tiefer Graben, aber das hätte vollkommen gereicht, um verletzt zu werden. Mein Begleiter blieb ganz ruhig und erreichte gerade noch rechtzeitig die andere Seite. Ich sah mich mit schlechtem Gewissen um. Unser „Fehltritt" blieb unbemerkt, keiner da ... weiter ging es.

Damit war der Tag der Hopplas noch nicht zu Ende. Wir folgten dem Wanderweg erst durch Wiesen, bald aber durch einen steilen Wald bergauf.

Ich war guten Mutes, da uns laut meinem Plan nur noch einige Kilometer bis zu unserem Tagesziel blieben – Zams, einem kleiner Ort im Oberinntal. Unser Weg durch den steilen Wald wurde immer schmäler, ich mochte gar nicht rechts runter schauen, so steil ging es da abwärts ... Und plötzlich lagen auch noch zwei geknickte Bäume über dem Weg, wiedermal Hindernisse nach den schlimmen Unwettern.

Was sollte ich nun machen? Kilometerweit zurückgehen und die Bundesstraße nehmen?

Auf keinen Fall, davon hatte ich heute wirklich genug gehabt. Außerdem war schon das Umdrehen auf diesem schmalen Weg mit einem Pferd gefährlich, und einige bereits passierte, enge Stellen wollte ich nicht unbedingt ein zweites Mal gehen. Dazu kam noch, dass ich in der Nähe, ein paar hundert Meter weiter, die Straße erkennen konnte, die wir erreichen sollten.

Umgehen konnten wir die Bäume nicht, es ging zu steil bergab, beziehungsweise auf der anderen Seite bergauf. Zum Drüberspringen waren sie zu hoch, zum unten durchkommen lagen sie zu tief ...

Es blieb mir anscheinend keine andere Wahl, als Tarzan zu spielen.

Eine volle Stunde verbrachte ich damit, die doch ganz schön dicken Bäume von fünfzehn bis zwanzig Zentimeter Durchmesser mit meinem Schweizer Taschenmesser mit verschiedenen Funktionen zu bearbeiten. Ich schnitt und sägte und brach sämtliche Äste ab und ich ärgerte mich über mich selbst, da ich beim Kauf des Messers gespart hatte und kein größeres erstanden hatte.

Ich schwitzte vor Anstrengung, mein Pferd stand seelenruhig daneben, beobachtete mein Tun mit seinen klugen, sanften schwarzen Augen und genoss die ungeplante Pause.

Schließlich schaffte ich es, die Bäume mit meiner Schulter etwas anzuheben und zwei etwa eineinhalb Meter lange Holzstücke talseitig unter die Baumstämme zu stellen.

Nun sattelte ich Galipolis ab und nach kurzem Zögern duckte er sich geschickt und schlüpfte durch. War ich erleichtert!

Im Nu war der Sattel wieder oben und verschwitzt, aber auch stolz auf meine Leistung marschierte ich mit meinem Pferd talwärts bis zum nächsten Ort. Von da an blieben wir bis Zams auf dem Radweg, obwohl der Wanderweg weiter oben im Wald weitergegangen wäre. Nichts hätte mich dazu bewegen können, noch mal einen schmalen Pfad zu gehen, zumindest nicht heute – ich blieb lieber im Tal.

Spät war es, fast dunkel, als wir einen kleinen Hof erreichten. Und wieder wurden wir herzlich aufgenommen. Schnell waren die vorangegangenen Mühen vergessen.

Ich wurde in einer netten Runde zum Essen eingeladen und für die Nacht bekam ich ein Zimmer bei der jungen Pferdebesitzerin Angelika. Zwei Wochen davor war deren Stall durch das Hochwasser des Inns einen Meter überschwemmt gewesen, man sah noch viele Spuren der Verwüstungen. Überall lag übel riechender Schlamm und es würde noch viel Arbeit geben, diesen zu beseitigen.

Ein Jahr zuvor war ebenfalls ein Wanderreiter hier gewesen, der um die Welt reiten wollte, es aber nur von Vorarlberg bis hierher geschafft hatte (ca. eine Woche). Nun ja, sein Pferd wurde lahm, das Vorhaben abgeblasen.

Die Veränderung der Landschaft überwältigte mich. Die Täler wurden enger, die Berge höher – der Arlberg rückte näher. Rauf auf fast 1.900 m! Das stand uns nun unmittelbar bevor. Ich freute mich, aber der Gedanke, mit meinem Pferd rüber zu reiten, flößte mir auch einen gehörigen Respekt ein.

Gestärkt und dankbar zogen wir weiter. Es ging weiter bergauf, wir passierten Grins, einen wunderbaren, kleinen Ort mit einer schönen Römerbrücke über einer Schlucht. Herrlich, so hoch oben durch die stillen Wälder zu reiten. Ich liebe diese Luft, den Duft des Waldes, seine Geräusche und dieses Glücksgefühl, das mich dabei durchströmt.

Auf alten Römerwegen ritt ich bis Flirsch. Dort sah ich erstmals wirklich schlimme Schäden des Hochwassers der letzten Wochen.

Bahngleise hingen in der Luft, Straßen waren gesperrt, ja, sie existierten teils gar nicht mehr, einfach weggespült! Die Kraft der Naturgewalten erzeugte in mir ein Gefühl von Kleinheit und Bedeutungslosigkeit.

Über eine schmale Fußgängerbrücke erreichten wir die Ortschaft, zum Glück war diese Brücke ohne Probleme mit meinem Pferd passierbar.

Galis' heutiges Nachtquartier war der schöne Stall des bekannten Schirennläufers Mario Matt. Ich hatte mit seinem Vater telefoniert, die Telefonnummer von Angelika aus Zams bekommen und erst als Mario mir gegenüber stand, erkannte ich ihn.

Nachdem mein Pferdekamerad seinen schönen Stall bezogen hatte und mit Futter bestens versorgt war, ging ich die nette Pension seines Vaters und versuchte mit Hilfe des Telefonbuches einen Hufschmied aufzutreiben, da ein Eisen locker geworden war. Ich wünschte, ich hätte Nägel und Hammer bei mir gehabt – zumindest einige Hufnägel hätte ich schon einpacken können – Gedankenlosigkeit einer Anfängerin …

Untertags hatte ich versucht, mit Hilfe eines Steines die Hufnägel etwas nachzuschlagen, was mir nur mit mäßigem Erfolg gelungen war. Nur hier oben war kein Fachmann aufzutreiben, durch die gesperrte Straße hätte der Anfahrtsweg des Schmiedes sechzig Kilometer betragen, und darauf hatte der Herr am Telefon absolut keine Lust. Dafür hatte ich natürlich Verständnis.

Mario verriet mir noch den Namen eines befreundeten Gespannfahrers in St. Anton am Arlberg, der Beschlagszeug daheim hatte. Dieser nette Kutscher schlug dann die fehlenden Nägel – leider nicht in der richtigen Größe – in Galis Hufeisen und zog sie ordentlich nach. Erleichtert konnten wir den endgültigen Anstieg auf den Arlberg angehen.

Ich entschied mich für den Wanderweg zum 1.900 m hoch liegenden Mariensee. Nur so konnten wir der Straße entkommen.

Zwei Stunden benötigten wir bis zum See, ein schmaler Weg mit vielen Stufen, Steinplatten und vielen Einkerbungen, bei denen ich kurz befürchtete, mein Pferd könnte hineintreten und sich verletzen.

Und wieder bewies mir mein treuer Pferdefreund, wie trittsicher und verlässlich er war. Ruhig und gelassen nahm er die Herausforderungen an. Wir benötigten viele Pausen bei diesem anstrengenden Aufstieg. Nach jeder Kurve dachte ich hoffnungsvoll, endlich oben angekommen zu sein, nur um zu merken, dass es noch viel höher ging …

Ich führte mein Pferd, an reiten war in diesem Gelände nicht zu denken. Achthundert Höhenmeter hatten wir heute hinter uns gebracht, als wir endlich den Mariensee mit seinem Moorgebiet ringsum erreicht hatten. Letzte Anstrengung war noch ein etwa fünfzig Meter langer und ungefähr vierzig Zentimeter breiter Holzsteig über das sumpfige Gebiet – geschafft! Galipolis meisterte auch diesen Steg absolut gelassen.
Ich hatte einen wunderbaren Ausblick – vor mir lag eine herrlichen Bergkulisse und darunter der bekannte Schiort St. Christoph. Mir war zum Jauchzen und Jodeln zumute und Dankbarkeit erfüllte mich.

Herrlich war dieses Gefühl, hier so hoch oben zu stehen nach diesem anstrengenden Aufstieg. Galipolis, von meinen Gefühlen und der Landschaft gänzlich unbeeindruckt, machte sich lieber über die saftigen Almkräuter her.

Wir kehrten bei der Almhütte ein. Es war schön, zu beobachten, wie die Kühe zum Melken von der Alm geholt wurden, dem Senn zuzusehen, der aussah, als wäre er direkt aus einem Heimatfilm entstiegen – kariertes Hemd, Lederhose mit Hosenträgern, langer grauer Bart, das Gesicht zerfurcht vom rauen Wetter und vom Alter und in der Hand einen Stock zum Kühe treiben – das Leben kann so schön, einfach und friedlich sein.
Ein Sprichwort fiel mir ein:
Warum kann ich nicht einfach sein, anstatt jemand zu sein?
Hier auf der Alm war das möglich – bestimmt zieht es deshalb so viele Menschen auf die Berge.

Auf dieser Reise, fernab von meinem stressigen Leben (das ich mir ja selber geschaffen hatte) fand ich viel Zeit, über wichtige Fragen in meinem Leben nachzudenken.

Ich aß mit dem Almer und seiner Familie zu Abend und obwohl die Unterhaltung wegen ihres Dialektes schwierig war, saßen wir lange beisammen und tranken richtig guten Tee mit Schnaps.

Galipolis stand auf der Weide direkt vor der Almhütte und erholte sich in dieser herrlichen, friedlichen Umgebung. Bevor die Sonne untergegangen war, hatte ich noch glücklich über das Leben schlechthin bei ihm im Gras gelegen und vor mich hingesungen. Das Leben war doch wirklich fantastisch, es galt nur in der Gegenwart zu bleiben und sich nicht zu sehr von seinem Kopf-Karussell ablenken lassen.

Ich schlief im Zimmer bei dem Mädel, das den Sommer über hier arbeitete und machte mich am nächsten Tag an den Abstieg nach Vorarlberg. Wir marschierten über bunte Almwiesen, das erwies sich aber wieder als sehr mühsam – Steine, Sumpf, die wiederholten Überquerungen des kleinen Baches, der sich wie eine Schlange gewunden durch das Almengebiet zog. Wir kamen nur sehr langsam voran. Darum entschied ich mich bald für die Straße, was nicht angenehmer war durch den starken Verkehr. Ich musste höllisch aufpassen wegen einigen rücksichtslosen Autofahrern, die weder ihr Tempo verlangsamten noch Abstand zu uns hielten. Nervenaufreibend. Daher war ich erleichtert, als wir den Ort Stuben erreichten und wieder auf einsame Wanderwege ausweichen konnten.

Kurz darauf erlebte ich wieder so ein kleines „Wunder". Der „Alm-Öhi" von St. Christoph hatte mir die Nummer eines Hufschmiedes gegeben, diesen versuchte ich nun zu erreichen. Dies erforderte meine Geduld und etliche Versuche, bis er endlich ans Telefon ging um mir dann zu erklären, er sei in Urlaub. Oh nein! Dasselbe Hufeisen war wieder locker …

Enttäuscht steckte ich eben das Handy in meine Tasche, als ein Auto vor mir hielt. Ich lernte den sympathischen Lothar aus dem Örtchen Stallehr kennen, der ebenfalls leidenschaftlicher Wanderreiter war und neugierig bremste um mich auf meinem vollbepackten Pferd kennen zu lernen. Er rief sogleich seinen Hufschmied an, machte einen Termin für uns aus und bot uns Unterkunft in seinem Heim an. Ein kleiner Umweg, aber das war unwichtig.

Was lernte ich heute?

Mach dir keine Sorgen, im richtigen Moment kommt Hilfe!

Nur nie daran zweifeln, vertraue, es wird alles gut …

Ich fühlte mich gut, aller Sorgen befreit und dankte Gott, dem Universum für die Hilfe in Lothars Gestalt.

Beschwingt zog ich weiter, die Berge lagen vorerst hinter uns und Galipolis galoppierte motiviert Richtung Quartier. Auch mit den großen Packtaschen musste das ab und zu sein. Mein Pferd war jung und das herzhafte Tempo brachte seine Augen zum Strahlen. In den bergigen Regionen setzte er konzentriert und langsam einen Huf vor den anderen – jetzt durfte er endlich laufen. Natürlich wusste er auch, dass ihn irgendwo nicht weit entfernt ein Quartier, Futter und Artgenossen erwarteten. Vielleicht roch er sie bereits.

In Stallehr war bereits alles für unsere Ankunft vorbreitet. Galipolis begrüßte wiehernd Lothars zwei Pferde und nachdem er gut versorgt war freute ich mich über das leckere Abendessen, das Lothar inzwischen gekocht hatte. Das Leben war gut zu uns!

Am nächsten Tag sah ich wieder viele Verwüstungen vom vergangenen Unwetter entlang des Flusses Aflenz. Oft unvorstellbar, was Wasser anrichten kann. Welche Kraft und Naturgewalt! Der original beschriebene Jakobsweg hätte uns nach Feldkirch geführt, ich wollte aber nicht in die Stadt. So entschied ich mich dafür, über Rankweil und Bängs in die Schweiz einzureisen.

In Rankweil fand ich einen großen Reitstall. Lothar hatte mir nahe gelegt, diese Strecke zu nehmen und hier Halt zu machen.

Der Hufschmied, den mir Lothar vermittelt hatte, hielt mich hin, er wollte erst in den nächsten Tagen kommen, ich solle ihn nur anrufen und sagen, wo ich gerade sei. Hmm – da würde ich schon in der Schweiz sein …

Aber die guten „Zufälle" verfolgten mich ja, ich hatte mein Pferd gerade versorgt, als ich mit einem älteren Herrn ins Gespräch kam, der hier ein Pferd eingestellt hatte.

Unter anderem erzählte ich von meinen Sorgen über die lockeren, schon sehr abgenutzten Hufeisen. Nun lachte er und meinte, er sei der Schmied, den ich anfangs angerufen hatte, der, der in Urlaub war. Er würde erst am nächsten Abend wegfahren und mein Pferd gleich am Morgen beschlagen. Die Geschichte über meinen weiten Ritt gefiel ihm und er verrechnete mir nur den halben Preis.

Das Leben meinte es wieder mal gut mit uns, ich zog erst gegen ein Uhr mittags los, es waren nur einige Kilometer bis zum Grenzübergang Bängs. Hier allerdings erwartete mich schlechte Nachricht – der Grenzübergang war gesperrt!

Der Rhein bildete hier die Grenze zwischen Österreich und der Schweiz. Die Brücke, die hinüber führte, wurde eben renoviert. Nur ein schmaler Streifen für Fußgänger war offen, aber keine Grenzbeamten anwesend. Und gerade diese hätte ich dringend gebraucht, denn die Einfuhr von Pferden in die Schweiz ist nicht so einfach. Ich hatte mir schon daheim über die Wirtschaftskammer ein Carnet A.T.A. besorgen müssen und dieses musste ich mir unbedingt bei der Ein- und Ausreise abstempeln lassen, darauf war ich mehrmals ausdrücklich hingewiesen worden.
Also, was sollte ich nun machen? Es war bereits zwei Uhr nachmittags und der nächste Grenzübergang laut Karte sicher zwanzig Kilometer entfernt. Sollte ich nach Rankweil zurückkehren und morgen über Feldkirch in die Schweiz reiten?
Nein, dazu hatte ich absolut keine Lust ...

SCWEIZ

Wir überquerten die Brücke und gelangten ohne Schwierigkeiten ins Schwyzer Ländle. Auch hier war niemand anzutreffen.

Ich schob besorgte Gedanken über den fehlenden Stempel beiseite. Wird schon gut gehen, redete ich mir ein. Die positiven Erlebnisse der letzten Tage erfüllten mich mit Vertrauen und Optimismus.

Am Schweizer Ufer angekommen, studierte ich mal die Karte, den ich wusste nicht, wie ich am Besten weiterreiten sollte, waren wir doch keinem markierten Weg gefolgt und ich heute irgendwie planlos. Hilfe bekam ich in Form eines netten Spaziergehers. Er half mir, mich für die südliche Richtung zu entscheiden.

Drei Stunden entlang dem Rheinufer folgten. Auf herrlichen Waldwegen legten wir immer wieder mal einen flotten Galopp ein, es wurde langsam spät.

Bei Haag verließen wir den Rhein, um eine Übernachtungsmöglichkeit zu suchen. Es dämmerte bereits. Unsere erste Nacht in der Schweiz begann und wieder war uns das Glück hold. Ich bog in die erste Straße ein, sah kurz nach rechts und bemerkte auf einem Stallgebäude das Schild eines Pferdekopfes.

Nichts wie hin, dachte ich und klopfte an die Tür des angrenzenden Wohnhauses. Gerade noch rechtzeitig vor der Dunkelheit waren wir auf einer Pferdebesamungsstation gelandet, die aber momentan geschlossen hatte.

Trotzdem bekamen mein Pferd und ich jeweils eine Box im leeren Stall, Futter war vorhanden, die Boxen gut eingestreut. Der Sohn des Hauses wollte mich zwar einladen, bei ihnen im Wohnzimmer zu schlafen, aber seine Mutter war etwas misstrauisch und erlaubte es nicht.

Wahrscheinlich hielt sie mich für eine seltsame Vagabundin, der man nicht trauen konnte. Daher schlief ich im Stroh, für mich war das sowieso kein Problem. Die Dusche im Haus durfte ich benutzen. Heute war ich fast am verhungern, seit dem Frühstück hatte ich nichts mehr gegessen, darum ging ich noch ungefähr einen Kilometer zu Fuß zur nächsten Pizzeria, um mich zu stärken.

Am nächsten Morgen lud mich die Hausfrau zum Frühstück ein und jetzt schwand ihr Misstrauen mir gegenüber. Sie umarmte mich sogar ganz fest zum Abschied, wünschte mir Glück und drückte mir noch ein paar Jausenbrote für unterwegs in die Hand.

Der folgende Tag verlief ohne Aufregungen weiter entlang des Rheinufers, später folgten wir dem Fluss Szeer bis nach Flums. Es war erholsam in dem ebenen Gelände dahinzureiten, fast einschläfernd für uns beide.

In Flums hatte ich gleich wieder einen Reiterhof entdeckt, eine Box für Galipolis war frei und ich schlief im Stüberl auf dem Sofa.

Die nächsten zwanzig Kilometer entlang des Walenseeufers auf Asphaltstraßen waren alternativlos und anstrengend. Stundenlang marschierten wir neben der verkehrsreichen Straße am Radstreifen. Zweimal durchquerten wir verlassene, dunkle, schmale und niedrige Straßentunnels, fast unheimlich. Auf den letzten Kilometern nach Niederturnen fand ich endlich wieder schöne Kieswege zum Traben. Dadurch konnten wir den lästigen Mücken entkommen, die hier im Wald nahe dem See wieder mal in Überzahl herumschwirrten.

Die Mädels im letzten Stall hatten mir den Weg zum Reitstall in Niederturnen beschrieben, den ich auch gleich fand.

Heike, die Chefin, freute sich über meinen Besuch, sie war Österreicherin wie ich. „Landsleute müssen zusammenhalten!" meinte sie, verwöhnte meinen Galipolis mit viel Futter, saftigen Karotten und bestand darauf, mich zu sich nach Hause einzuladen, wo ich bekocht wurde und einen gemütlichen Abend mit ihr und ihrer Familie verbrachte. Am Morgen darauf, als wir weiterzogen, lehnte auch sie sehr entschieden eine Bezahlung ab.

Diese Reise beschenkte mich auf vielerlei Arten – herrliche Natur, wohltuende Stille, das Allein sein mit meinem Pferd – eine tiefe Verbindung entwickelte sich zwischen uns, ich konnte auf seine Bedürfnisse immer besser und schneller reagieren. Mit jedem Tag unseres Unterwegs sein wuchs meine Liebe und Bewunderung für mein Pferd, der mich so selbstverständlich als Gefährtin akzeptierte und mir überall hin folgte.

Und es wuchs auch die Gewissheit in mir, dass die Welt voll war mit wunderbaren und hilfsbereiten Menschen.

Die Welt ist nicht hauptsächlich schlecht und grausam, wie uns die Medien tagtäglich mit ihren Berichten weismachen wollen … im Gegenteil.

Die unzähligen guten Dinge, die wir erleben stehen selten geschrieben in Zeitungen, sind zu wenig aufregend, um Leser mitzureißen. Aber sie passieren, wenn wir achtsam durch den Tag gehen. Das Universum hilft uns, allein dieses Urvertrauen macht das Leben leicht und schön.

Und wie wunderbar war dieses gegenseitige Vertrauen, das mich mit meinem Pferd verband. Wir wurden mit jedem Tag ein besseres, eingespieltes Team. Ich war sehr dankbar für dieses Pferd und versprach ihm, immer gut für ihn zu sorgen.

Einunddreißig Kilometer trennten uns noch von Einsiedeln, einem wichtigen Ort mit einem großen Kloster, wo schon im Mittelalter zahlreiche Pilger hinzogen oder Rast machten auf ihren Weg nach Santiago. Ich hoffte, diese Strecke heute zu schaffen, aber bald war mir klar, das war unmöglich. Wir überquerten das „Mechertli-Grad" 1.412 m hoch gelegen. Der Aufstieg war wunderschön auf einsamen Pfaden in herrlicher Bergkulisse, aber auch enorm anstrengend für uns beide.

Leider hatte ich keine Karten für diese letzten Etappen bis Maria-Einsiedeln und so folgte ich nur den Beschreibungen aus Peter Lindenthals Pilgerführer.

Vom Mechertli-Grad abwärts wählte ich also den beschriebenen Wanderweg, der auch beschildert war. Doch für ein Pferd, stellte sich bald heraus, war dies eine echte Herausforderung.

So unbeschreiblich schön es hier oben auch war – Angstschweiß rann mir über den Rücken wegen der Beschaffenheit der Wege. Sumpfige Almen mit rutschigen Holzpfosten als Überquerungshilfen, denen ich nicht immer zutraute, das Gewicht eines Pferdes auszuhalten, wechselten sich ab mit steinigen Wegpassagen, wo ich befürchten musste, mein Pferd könnte zwischen den großen, moosbewachsenen Steinplatten stecken bleiben. Das Moos verdeckte auch heimtückische Spalten und Löcher …

Sieben Stunden hatten wir für nur siebzehn Kilometer bis Vordertal benötigt. Das schlimme war, als wir diesen Berg endlich „bezwungen" hatten, sah ich hoch und glaubte zu erkennen, das auch eine Forststraße heruntergeführt hätte … Nur konnte ich das oben nicht erkennen. Hatten wir uns völlig unnötig so gequält mit diesem Abstieg? Konnte natürlich auch sein, dass diese Forststraße ganz wo anders hingeführt hätte. Nun wollte ich mir darüber keine Gedanken mehr machen. Doch ich musste etwas vorsichtiger werden und mich vor allem in den Bergen besser über die Wege erkundigen, vor allem nie mehr ohne Karte losmarschieren!

Ich hatte meinem Pferd viel zugemutet und es unnötig in Gefahr gebracht. Ich kraulte meinen Galipolis zwischen den Ohren, da, wo er es besonders liebte und bat ihn still um Verzeihung ...

In Vordertal schlief ich in einem Gasthaus, obwohl mich die Preise in der Schweiz doch ziemlich erschreckten. Aber ich war so erschöpft an diesem Tag und sehnte mich nach ein bisschen Luxus. Für Galipolis hatte ich davor einen leeren alten Stall neben der Straße gefunden, mit einer eingezäunten, saftigen Wiese davor. Kurzentschlossen hatte ich beim nächst gelegenen Bauernhof gefragt und damit gleich den Besitzer des Stalles gefunden – mein Pferd war willkommen und der Bauer brachte noch zusätzlich Hafer und Heu.

Ich war schon richtig gut im finden einer geeigneten Unterkunft und Galipolis, so schien es, war heute besonders froh, die Last auf seinem Rücken los zu sein und sich genüsslich auf der Wiese wälzen zu dürfen.

Man braucht keine Scheu davor haben, Leute anzusprechen und um Hilfe zu bitten. Die meisten Menschen freuen sich, helfen zu dürfen.

Das war etwas, das auch ich erst langsam lernte, ich musste mich nicht ständig revanchieren, wenn mir jemand half, mich bewirtete, uns Herberge bot ... Es ist auch ein gutes Gefühl, gebraucht zu werden und helfen zu können, oder?

Am nächsten Morgen schmerzten meine Beine und Gelenke enorm von den Anstrengungen des letzten Tages. Zum ersten Mal holte ich meine Voltaren-Salbe hervor, das verschaffte Erleichterung. Galipolis spürte solche Anstrengungen sicher auch, daher hatte ich es mir angewöhnt, ihm abends nach Möglichkeit immer die Beine zu kühlen, manchmal in einem Bach oder, wenn vorhanden, spritzte ich ihn mit einem Schlauch ab, oder oft genügte auch ein Kübel mit kaltem Wasser, mit dem ich dann seine Beine sorgfältig abwusch. Ich hatte im Gepäck eine Tube Traumeel-Creme und

Kühlgel, das ich nach anstrengenden Etappen über Nacht auf seine Beine und auch Rücken auftrug. Diese Dinge musste ich während meiner Reise öfter nachkaufen.

Heute überquerten wir das Sattelegg, gelegen auf 1.100 m Seehöhe. Bergauf gingen wir die alte Satteleggstraße, schöne Wiesen- und Waldwege, still und einsam, nur eine Rinderherde begegnete uns, die sich bereits auf Almabtrieb befand.
Es war ein herrlicher Tag, der vierzehnte September.
Auf dieser Höhe war es ziemlich kalt, nun ja, der Herbst hielt Einzug und das merkte man hier in den Bergen schon deutlich. Bergab blieb uns für einige Kilometer leider nur die Straße, aber das konnte mir die gute Laune nicht verderben.
Nun überquerten wir auf einer 1.100 m langen, schmalen Brücke den Sihlsee, einem künstlich angelegten Stausee. Und nach der letzten kleinen Kuppe lag endlich die herrliche Klosteranlage von Maria Einsiedeln vor uns! Angeblich besuchen täglich an die 1.000 Menschen diesen Wallfahrtsort.
Ungefähr 750 Kilometer, ein Viertel unserer Reisestrecke, lag hinter uns und heute würde ich um Aufnahme hier im Kloster bitten.

Geschäftiges Treiben empfing uns, viele Leute liefen hektisch herum. Wie ich bald erfuhr, war ich am wichtigsten Tag des Jahres angekommen.
Man feierte den Jahrestag einer Engelserscheinung, dies würde bei Anbruch der Dunkelheit mit einer großen Lichterprozession und einer feierlichen Messe zelebriert werden. Zu diesem Anlass war das Kloster mit insgesamt 20.000 (!) Teelichtern geschmückt worden. Auch auf den Fenstern der umliegenden Hotels befanden sich viele dieser kleinen Kerzen.
Galipolis bekam im alten Klostergestüt einen Platz für die Nacht. In seinem Stall befand sich außer ihm nur ein Plastikpferd in seiner Größe, er wurde richtig hengstisch und wollte kaum daran vorbeigehen. Was er wohl dachte? Eine hübsche Stute steht da und ich darf nicht tun, was mir mein Instinkt und meine Hormone diktieren! So könnte er empfunden haben, wer weiß das schon …
Bevor Gali aber in seinen Stall musste, durfte ich ihn noch für eine Stunde auf eine Koppel stellen. Mein frisch geduschtes Pferd suchte sich sogleich eine große Pfütze und wälzte sich mit Vergnügen

grunzend darin. Danach schüttelte er sich seufzend und trottete zum spärlichen Gras. Ich gönnte ihm diesen Genuss.
Morgen würde er eine ausgiebige Putzmassage bekommen.

Das Kloster war bereits vor Jahrhunderten berühmt für seine Zucht der edlen Einsiedlerpferde: schöne, leistungsstarke Warmblüter. Heute allerdings war der Stall vermietet, eine Reitschule wurde betrieben, eine neue Reithalle war errichtet worden, die früher sicher prunkvollen Stallungen mit den herrlichen Gewölben waren leider sehr vernachlässigt worden. Alles wirkte baufällig und heruntergekommen, auch die Koppeln machten einen schlimmen Eindruck. Neben den Geschichtstafel an den Stallwänden wurden die Besucher um Spenden für die Renovierung gebeten.

Als Frau wurde ich im Männerkloster nur aufgenommen, weil zurzeit kein Priesterseminar stattfand. Wie streng, dachte ich amüsiert, ich hatte sicher nicht vor, einen Priester in „Versuchung" zu führen.
Ich fühlte mich sehr geborgen und wohl in diesen Gemäuern, auch wenn ich kein praktizierender Christ war, ich spürte hier eine sehr positive Energie, am liebsten wäre ich länger geblieben.
Der Pater, der mich aufnahm, gab mir noch zehn Franken, um meine Ausgaben einzuschränken. Das fand ich liebenswert, musste ich doch siebzehn Franken für mich und zwanzig Franken für mein Pferd bezahlen, allerdings Vollpension für uns beide.

Abendessen und Frühstück nahm ich gemeinsam mit den Priestern ein. Abends bei den Feierlichkeiten zur Ehren der Engelerscheinung war ich einfach überwältigt!
Herrliches Orgelspiel und ein toller Chorgesang empfing mich in diesem riesigen, wunderbar bemalten Kirchengebäude. Menschenmassen, viele Reporter waren anwesend (ich war schon bei meiner Ankunft von einem Italiener fotografiert und interviewt worden) und dieses Licht der unzähligen Kerzen sorgte für eine überaus feierliche Atmosphäre.
Es folgte eine wunderschöne Zeremonie, die mich sehr berührte. Mir rannen tatsächlich die Tränen übers Gesicht, sie ließen sich nicht stoppen. Entspannt, innerlich friedlich und glücklich schlief ich später wunderbar in meinem einfachen, schlichten Zimmer.

Der achtundzwanzigste Tag meiner Reise begann mit einem sehr steilen Anstieg. Sechshundert Höhenmeter erklommen wir in einer Stunde, auf einer Strecke von zwei Kilometern. Es war heiß an diesem Tag und ich war bereits nach dieser Stunde erschöpft und todmüde. Mein Pferd auch, er war absolut unmotiviert und wäre wohl lieber bei seinem Plastikpferd geblieben ...

Ich als menschlicher Partner konnte seine Artgenossen nicht ersetzen. Galipolis als junger Hengst hätte bestimmt lieber sein Leben mit einer kleinen Stutenherde verbracht.

Beim steilen Aufstieg trug mein Pferd nur das Gepäck, mein Gewicht hätte ich ihm nicht zugemutet in diesem Gelände.

Wir machten gerade eine kleine Pause, als uns ein älterer Herr mit riesigem Rucksack überholte: der erste Jakobspilger, dem wir begegneten, sogar aus Österreich! Allerdings war er in Maria Einsiedeln gestartet und wollte nur bis Genf. Er ging etappenweise bis Santiago, jedes Jahr ein paar hundert Kilometer, je nach Länge seines Urlaubes und er hatte es ziemlich eilig, obwohl dies sein erster Tag war. Ob er wohl auch etwas sah am Weg, so schnell, wie der marschierte? Ich jedenfalls war überwältigt, als wir auf der Alm ankamen. Welch Panorama! Mächtig und schneebedeckt erhoben sich die Schweizer Alpen – im Vordergrund der große und der kleine Mythen, die wir beinahe umrundeten. Ein herrlicher Ausblick bot sich zum Vier-waldstättersee und zum Ägerisee. Ich fand einen gemütlichen Platz für eine wohlverdiente Rast.

„Wie schön ist es doch, dies alles zu erleben!", dachte ich dankbar und atmete mit geschlossenen Augen die reine Bergluft ein.

Auch abwärts folgten wir einen besonders schönen Wanderweg, 1.000 Höhenmeter ging es wiederum hinunter nach Schwyz, dem Ort, wo ursprünglich die Schweiz gegründet wurde. Gleich in der nächsten Ortschaft namens Brunnen wurden wir in einem Reitstall aufgenommen. Ein Mädel aus Vorarlberg, das hier wohnte und ein Pferd untergestellt hatte, freute sich, eine Österreicherin zu sehen. Galipolis durfte sich nach seiner Dusche auf einer Koppel wälzen und trotz des anstrengenden Tages sprang und buckelte er übermütig und lebenslustig herum.

Für die Nacht bekam er eine große Padockbox, ich schlief auf einem dicken Strohlager daneben, ausgerüstet mit vielen Decken.

Ich musste langsam daran denken, mir einen wärmeren Schlafsack zu kaufen. Meiner war zwar leicht und klein zu falten, aber in den Bergen um diese Jahreszeit wärmte er mich nicht ausreichend. Es ist sehr empfehlenswert, mal die Nacht bei seinem Pferd zu verbringen. Ich schlief nicht allzu gut, so viele Gedanken kreisten in meinem Kopf herum.

Von meinem Pferd trennte mich nur eine ein Meter hohe Holzwand. Zufriedenes kauen und schnauben wechselten sich ab mit aufmerksamem beobachten der Stallkollegen, kurzem Wiehern, wenn ein anderes Pferd den Blick in seine Richtung hob oder schnaubte. Dann endlich legte er sich schlafen. Ächzend, seufzend und ganz schön laut streckte er die Beine von sich und bald schon konnte ich an seiner Atmung erkennen, dass er tief und fest eingeschlafen war – und er träumte! Wer weiß schon so genau, was Pferde in ihrer Traumwelt erleben …

Fast jeder hat schon mal Hunde beobachtet, wenn sie schlafen, dabei mit den Pfoten strampeln, als würden sie hinter einer Beute herlaufen und leise bellen oder winseln. Bei Pferden ist es nicht viel anders. Galipolis bewegte seine Beine, als würde er über eine imaginäre Wiese galoppieren und wieherte leise vor sich hin. Ob er wohl von einer hübschen Stute träumte? Wer weiß?

Diese Tiefschlafphase dauerte kaum eine halbe Stunde. Anschließend erhob er sich abrupt, schüttelte sich, schaute mal kurz über die Wand, die uns trennte, zu mir rüber, schnaubte und machte sich wieder an seine Lieblingsbeschäftigung: dem Fressen. Er hatte abends eine Riesenportion Heu bekommen. Als er sich dann zum zweiten Mal zum Schlafen hinlegte, überkam auch mich die Müdigkeit und ich widmete mich meinen eigenen Träumen.

Als ich aufwachte, wollte ich gleich mein Pferd füttern um möglichst früh weiter zu ziehen. Doch ich hatte bis neun Uhr geschlafen, nicht gehört, dass die Pferde, auch meiner, schon um sechs Uhr früh ihr Futter gekommen hatten. So tief hatte ich in meinem Strohbett geschlafen und gut erholt begrüßte ich den neuen Tag.

Das Wetter war traumhaft, unser Weg begann zwar acht Kilometer auf Asphalt neben der Straße entlang des riesigen Vierwaldstättersees, aber das machte mir heute gar nichts aus. Der gestrige Tag war so wunderbar gewesen, dass ich heute den Straßenlärm ohne weiteres ertrug. In Gersau würden wir mit der Fähre den See überqueren. Kurz vor der Anlegestelle wurde ich bei einem Trödlerladen noch auf ein Getränk eingeladen. Das kam mir sehr gelegen, eine kleine Rast tat gut, die nächste Überfahrt mit der Fähre war erst in einer Stunde. Urs, so hieß der sympathische Frühpensionist, rief seine Nachbarin, damit sie das verrückte Duo (mein Pferd und ich waren gemeint) kennen lernen könne. Renate kam vom Nebenhaus und es stellte sich heraus, das sie aus Österreich hierher gezogen war und ganz in der Nähe meines Heimatortes aufgewachsen war. So klein war die Welt …

Auf der Fähre ernteten wir verwunderte Blicke als ich so selbstverständlich mit meinem Pferd an Bord ging. Galipolis nahm diese neue Erfahrung ganz gelassen hin, er beugte sich über die Reling und wollte mit den Nüstern das Wasser erreichen, was natürlich nicht ging. Auf der zwanzigminütigen Überfahrt hinterließ mein Pferd als Andenken einen duftenden Haufen Pferdeäpfel, aber niemanden schien das zu stören.

Es dämmerte bereits, als ich wieder einmal in der Ferne Pferdeweiden erkennen konnte und der Weg zu einem Ponyhof war bald gefunden, eine Box und Futter für mein hungriges Pferd kein Problem und ich wurde eingeladen, im Wohnzimmer zu schlafen.

Darüber war ich froh, denn durch meine Allergie machte mir das Schlafen in Stroh und Heu ein bisschen zu schaffen. Irgendwie unlogisch bei meinem Leben mit Tieren auf einem Hof und mit allem was dazugehört, aber so war es nun mal und ich bekam das nicht richtig in Griff.

Etwas in meinem Leben lief nicht ganz richtig, sonst hätte ich diese Allergie doch nicht, oder?

Die Stallchefin und einige Reitgäste begleiteten mich noch in ein Gasthaus und ich merkte erst jetzt das Rumoren meines Magens. Außer zwei Müsliriegeln und etwas Obst hatte ich heute nichts gegessen.

Am folgenden Morgen fiel mir das Verlassen meines Nachtlagers nicht leicht. Wenn es morgens schon regnet und der Wind bläst, fällt es schwer die nötige Motivation zu finden …

Auch Galipolis machte im trockenen Stall einen zufriedeneren Eindruck als beim Aufbruch. Aber ich wollte ja nicht schon in der Schweiz den Wintereinbruch erleben, also hieß es: „Weiter gehts!"

Entlang des Sarnersees lagen durch die verheerenden Unwetter vor einigen Wochen die Uferwege teilweise eineinhalb Meter unter Schlamm vergraben. Schon in Vorarlberg und Tirol hatte ich arge Verwüstungen erlebt und ebenfalls oft Umwege in Kauf nehmen müssen, da Wege einfach nicht mehr existiert hatten. Hier aber zeigte sich die Kraft der Natur in einem Ausmaß, das ich so nie vorher gesehen hatte. Hangrutsche, Murenabgänge, Überschwemmungen, wie klein und ausgeliefert ich mich plötzlich fühlte.

Was ist man schon als kleiner Mensch im Gegensatz zur Natur? Und doch glauben wir immer, alles besser zu wissen, verändern zu müssen, um Nutzen daraus zu ziehen.

Überall wird gebaut, Flüsse reguliert, in Rohre gezwängt oder zubetoniert und so weiter und dann, wenn die Natur ihr Recht zurückfordert, wird gejammert, Schuldige werden gesucht und überall gefunden, nur nicht bei uns selber!

Wann werden wir wohl aufwachen und erkennen, dass wir uns selber schaden, wenn wir so weiter leben und rücksichtslos unsere Erde ausbeuten? Hoffentlich nicht zu spät ...

Es machte mich schon sehr nachdenklich und ich fühlte auch Schuld, denn alle haben wir teil daran, weil uns ein bequemes, gemütliches Leben so selbstverständlich geworden ist.

Wir stiegen zum Kaiserstuhl auf, anfangs auf sehr schönen Waldwegen, später leider etliche Kilometer auf der vielbefahrenen Straße. Entlang des Lungerersees marschierten wir dann schon sehr müde und durchfroren (ich zumindest konnte meine Finger kaum noch bewegen) bis nach Lungern.

Acht Stunden im Regen lagen hinter uns, wer ähnliches schon erlebt hat, weiß, wie unvorstellbar schön danach eine warme Dusche, ein heißer Tee und ein weiches Bett sein kann ... einfach herrlich, der pure Luxus! Man lernt Dinge schätzen, über die man daheim kaum nachdenkt.

Mein Pferd wurde im leeren Kuhstall eines Bergbauern einquartiert, hatte endlos Platz und stürzte sich sogleich auf sein Futter. War mein treues Pferd abends gut versorgt, fiel eine Last von meinem Herzen. Wo ich untergebracht war, war zweitrangig. Aber ich freute mich sehr über das warme Zimmer.

Im Herbst waren die Rinder noch auf den Almen, sodass es öfters einen leeren Kuhstall gab, wo Galipolis Schutz vor Regen und Kälte

fand und Heu und Getreide gab es natürlich bei den Bauern auch.
Am nächsten Morgen durfte der zehnjährige Sohn meiner Gastgeber ein Stück reiten und ich freute mich mit ihm. Stolz und mit strahlenden Augen saß er zum ersten Mal im Sattel.

Mein Asthma quälte mich heute wetterbedingt besonders. Unser Weg führte weiter aufwärts zum 1.008 m hochgelegenen Brünigpass. Ich folgte den Markierungen des Jakobweges, was uns heute leicht zum Verhängnis hätte werden können.

Zuerst verliefen wir uns. Ich hatte die Markierungen aus den Augen verloren und so irrten wir eine Stunde im Wald umher. Als wir wieder auf dem gekennzeichneten Weg waren und es nun endlich wieder abwärts ging, dachte ich plötzlich an die nette Dame aus Salzburg, die mich eindrücklich davor gewarnt hatte, den Brünigpass auf dem Wanderweg mit dem Pferd zu passieren …
Bisher war es doch nicht schlimm gewesen – schmale Pfade, überhängende Felsen, okay – doch kein Problem für Galipolis.
Als Alternative wäre mir nur die sehr stark frequentierte Straße geblieben, was sicher auch nicht angenehm gewesen wäre.
Nun aber folgten einige Abschnitte, wo ich etwas unsicher wurde und fast Angst bekam, weil sich die Wege langsam verschmälerten und das Gelände immer öfter steil abfiel. Dieses Gefühl schob ich aber sofort weg – Angst konnte ich nicht gebrauchen. Ich brauchte meine Konzentration für unsere nächsten Schritte!
Einsam war es, kein Mensch begegnete uns und die Wege führten teilweise in engen Serpentinen mit aus Stein gehauenen Stufen abwärts. Andererseits wurden diese Pfade auch schon vor Hunderten von Jahren als Saumwege mit Packpferden benutzt.
Also würden auch wir heil unten ankommen. Ich musste nur gut aufpassen, dass mein Pferd mit den breiten Packtaschen Platz fand, wenn wir Bäume oder Felsen passierten. Und ich bemühte mich, nicht zu oft nach unten zu schauen.
Galipolis zeigte keinerlei Anzeichen von Nervosität oder Unsicherheit. Seine dunklen ruhigen Augen beruhigten mich immer wieder.
Endlich kamen wir in flacheres Waldgebiet. Glücklich und dankbar ließ ich mich auf den weichen Waldboden sinken und weinte Tränen der Erleichterung. Ich weinte wohl auch vor Überanstrengung, war

ich heute doch so kurzatmig. Und Gali war mir ordentlich auf den Fuß getreten, sodass ich vor Schmerzen am liebsten geschrien hätte. Ich war also ziemlich am Ende, aber zum Glück erholte ich mich wie immer sehr rasch. Galipolis wurde mir jeden Tag lieber, so selbstverständlich, mutig und sicher ging er mit mir, wohin ich ihn auch führte. Dieses Vertrauen in mich würde ich hoffentlich nie enttäuschen!

Im nächsten Dorf, dem wunderschönen Brienz am Brienzersee bekam ich nochmals einen Riesenschreck. Wir kamen in den Ort und ich wunderte mich noch über die vielen verschlammten, total ramponierten Autos bei einem Mechaniker. Nach der nächsten Kurve sah ich das ganze Ausmaß einer Tragödie ...

Eine Mure war abgegangen, obwohl der Berg dahinter gar nicht steil oder hoch schien. Und doch verursachte sie Schaden in unvorstellbarem Ausmaß!

Ungefähr zehn einst gepflegte Einfamilienhäuser waren überflutet, teils weggerissen. Bis zum See ergoss sich eine dunkle Schlammlawine. Nachts nach tagelangem Regen war sie abgegangen. Zwei Menschen kamen ums Leben.

Was mich aber ebenso erschütterte, waren die Menschen, die in Scharen sensationslustig alles mit ihren Kameras festhielten. Ein Autobus voller japanischer Touristen hatte Halt gemacht. Ob noch jemand einen Blick für den übrigen Ort mit seinen herrlich alten typischen, mit Schnitzereien verzierten Holzhäuser und den engen Gassen gehabt hat?

Ich habe es einfach nicht fertig gebracht, hier zu fotografieren. Ich konnte die Verzweiflung der Einwohner fast körperlich spüren und war froh, diesen Ort schnell hinter mir zu lassen.

Bis Oberried mussten wir viel auf die Straße am Seeufer ausweichen, da die Wanderwege wiederum unpassierbar oder verschwunden waren.

Im Dorf fragte ich den ersten, der mir begegnete, einen urigen, alten Schweizer mit grauem Vollbart und kaum verständlichem Dialekt, ob er eine Unterkunft wisse für mein Pferd.

Daraufhin führte er uns ungefähr auf eine zwei Kilometer entfernte Wiese mit einem alten, sehr niedrigen, außerdem total verdreckten Kuhstall. Hier würden weder mein Pferd noch ich übernachten ...

Ich ließ meinen Begleiter lieber auf der Wiese, die fast zwei Hektar groß, eingezäunt und voll saftigem Gras war.

Der Mann wollte mich fast drängen, bei ihm zu übernachten, aber mein Bauch sagte: „Nein". Darum bedankte ich mich herzlich und er brachte mich mit seinem Auto in eine kleine Pension. Er schüttelte den Kopf und meinte, diese Ausgabe könnte ich einsparen, wo ich doch bei ihm gratis übernachten könne. Und zu essen hätte er auch genug daheim.

Vielleicht wollte er nur gastfreundlich sein und hätte sich über Gesellschaft gefreut, doch zum ersten Mal sträubte sich etwas in mir ...

Jetzt wünschte ich mir, ein Zelt dabei zu haben, ich hatte aus Platz- und Gewichtsgründen darauf verzichtet. Ich durfte einerseits den Luxus eines warmen Bettes genießen, musste aber in Kauf nehmen zu weit von meinem Pferd entfernt die Nacht zu verbringen – fast unerträglich für mich!

Vielleicht klingt das lächerlich, aber man wächst mit seinem Pferd förmlich zusammen und schläft auch im besten Bett schlecht, wenn sein Kamerad so weit weg auf einer Wiese steht. So wie ich diese Nacht, ich machte kaum ein Auge zu und sah mein Pferd im Traum irgendwo umher rennen und ich konnte es nicht einholen...

Am nächsten Morgen verließ ich noch vor Sonnenaufgang mein Quartier und lief zur Weide. Galipolis konnte ich im ersten Moment nicht entdecken, doch auf mein Rufen hin kam er gleich angelaufen. Kurze Begrüßung und er trottete wieder davon. Auf der Nachbarweide waren drei Lamas, in deren Nähe hatte er sich aufgehalten. Lieber diese eigenartigen Geschöpfe als gar keine Gesellschaft, wird er sich wohl gedacht haben.

Ich zumindest war glücklich, mein Pferdchen wiederzuhaben, als hätte ich ihn irgendwo verloren gehabt, wo er doch hier bestimmt zufrieden eine regenfreie Nacht verbracht hatte. War ihm bestimmt lieber gewesen als eingesperrt im schönsten Stall.

Andererseits war die Umzäunung auch nicht wirklich ausbruchsicher für einen Hengst gewesen. Das Tor bestand nur aus Elektrodrähten ohne Strom und direkt davor befanden sich die Gleise der Bahn und die Straße. Außerdem hätten in der Nähe auch Stuten sein können und dann wäre dies natürlich kein echtes Hindernis gewesen.

Andererseits wurde mir versichert, dass es hier neben dem See weit und breit keine Pferde gab. Darauf hatte ich vertraut. Unterwegs sein mit einem Hengst erfordert extra Überlegungen ...

Nun ja, ich hätte in Brienzwiler, dem Ort gleich unterhalb des Brünigpasses bleiben können, dort wäre ein Reitstall gewesen. Aber das lag fünfzehn Kilometer zurück.

Guter Laune zog ich mit Gali weiter, heute wollte ich nur eine kurze Strecke reiten und mal etwas ausspannen. Einen richtigen Ruhetag hatten wir seit Wochen nicht mehr gemacht.

Die zehn Kilometer bis Interlaken konnten wir auf schönen, höhergelegenen Waldwegen zurücklegen und bereits mittags kamen wir in dieser hübschen Kleinstadt an. Im Zentrum begegneten uns Fiaker und so hatte ich mich gleich durchgefragt zu deren Stall, der in der Nähe des markierten Jakobsweges mitten in der Stadt lag.

Galipolis verbrachte nun mit einem riesigem Haufen Heu den Rest des Tages und die Nacht in einer kleinen Pferdebox zwischen Artgenossen und schmatzte zufrieden seine Portion Hafer.

Ich durfte in einem bescheidenen Zimmer, das gewöhnlich ein Pferdepfleger bewohnte, schlafen.

Trotz Müdigkeit machte ich am Nachmittag einen Einkaufsbummel. Der Straßenlärm und die Hektik der Stadt empfand ich als sehr störend, aber es war Zeit für einige Besorgungen. Der Sommer war vorbei, ich benötigte Handschuhe, Stirnband, Schal, eine Regenhose und vor allem einen wärmeren Schlafsack. Natürlich erstand ich auch Leckereien für mich (Schokolade) und für Galipolis (Äpfel und Karotten).

Ach war das Leben schön mit guter Schweizer Schokolade! Zufrieden trug ich meine Neuanschaffungen in mein Quartier.

Am Morgen erst lernte ich Herrn Vögele kennen, den Besitzer des Fiakerbetriebes. Er war sehr angetan von meinem Vorhaben, nach Santiago zu reiten und erzählte mir von einem guten Freund aus Freiburg, der ebenfalls vor einigen Jahren mit seinem Pferd dorthin gepilgert war.

Bis Thun am Thunersee führte uns unser Weg am nächsten Tag. Meist war der beschilderte Pilgerweg gut zu bereiten, manchmal standen wir auch vor Passagen aus steilen Treppen oder Brücken, denen anzusehen war, dass sie dem Gewicht meines Pferdes nicht standhalten würden. Aber ich war es schon gewohnt, immer wieder Umwege suchen zu müssen.

Entlang des Sees und der Aare betraten wir die traumhafte Kleinstadt. Im Zentrum fühlte ich mich ins Mittelalter zurückversetzt. Ich war überwältigt, auch wenn ich die Natur bevorzugte. Dieses Städtchen gefiel mir so gut, dass ich abends, als wir unser Nachtlager in einer großen Reitschule am Stadtrand gefunden hatten, zu Fuß zurückging, um es mir nochmals in Ruhe anzusehen.

Der Hof gehörte einer älteren Dame, die eine sehr erfolgreiche Springreiterin gewesen war und mir am Morgen gerne darüber erzählte.

Ich hatte die Nacht in meinem neuen Schlafsack in einer leeren Pferdebox verbracht und es richtig warm und gemütlich gehabt, die herum scharrenden Hühner nebenan bewohnten wohl normalerweise mein Quartier. Der Geruch alleine brachte mir gleich mal heftiges Niesen ein, trotzdem schlief ich gut.

Es war gar nicht so schwer, geeignete Unterkünfte zu finden. Auch hier ließ ich mich oft einfach „weiterreichen". Ich wurde gerne mit Beschreibungen und Telefonnummern versorgt, die uns zur nächsten Herberge führten. Auch wenn dies meist Privathäuser waren, so wurden wir immer gerne aufgenommen. Obwohl, manchmal spürte ich anfangs auch Misstrauen, doch die meisten Menschen freuten sich, mir weiter helfen zu können.

Endlich wieder Sonnenschein! Ich brauchte das dringend. Die Welt ist doch doppelt so schön, wenn sich die Sonne nicht hinter schweren Wolken verbirgt.

Zwar war es nicht mehr wirklich warm, aber doch richtig angenehm für meine Reise.

Erst jetzt konnte ich die atemberaubende Jungfernregion erkennen, mächtig, schneebedeckt, wunderschön! Bisher hatten sich die mächtigen Berge hinter dicken Wolken versteckt gehabt.

Rueggisberg hieß unser nächstes Ziel, leider verpasste ich irgendwo die Markierungen und das kostete uns einen Umweg von einigen Kilometern auf der Straße. Aber über so Kleinigkeiten ärgerte ich mich gar nicht mehr.

Die Landschaft hier war traumhaft, sanft geschwungene Hügeln vor unbeschreiblich schönen Bergen. Nur der Wind blies ziemlich kalt. Ich gönnte mir wieder mal ein warmes Zimmer in einem Gasthaus, der Hof der Familie Krebs lag nur einige Minuten davon entfernt. Ein Bauernhof mit vielen Kühen, aber auch mit guten Warmblutpferden.

Die Töchter des Hauses waren bereits erfolgreiche Springreiterinnen bis zur schweren Klasse. Galipolis bekam eine Box neben einem frechen Junghengst, zum Glück trennte die beiden Machos eine stabile Wand.

Ich nützte mein geräumiges Bad und die Heizkörper, um meine Wäsche wieder mal richtig durchzuwaschen. Waschmaschinen fand ich selten, zum Trocknen der Sachen brauchte ich Heizkörper, da die Sonne nicht mehr stark genug war, um die Kleidung rasch zu trocknen.

Aber natürlich gelang es kaum, dass am Morgen wirklich alles wieder trocken war. Dann hing meine Wäsche irgendwo an die Packtaschen zum Trocknen oder bei unseren doch meist sehr ausgedehnten Mittagspausen hing ich die Sachen in die Sonne.

Sicher gaben wir manchmal ein lustiges Bild ab: vollbepacktes Pferd, von dem auch noch Socken und sonstige Wäsche baumelte!

Man braucht schon eine gewisse Organisation, wenn man nur zwei Hosen, zwei Pullover, eine Jacke, drei T-Shirts und viermal Socken und Slips dabei hat.

Aber andererseits, benötigte ich mehr? Mein einziges Paar Schuhe liebte ich bereits innig. Sie passten hervorragend und zog ich sie abends aus, fühlte ich mich unvollständig. Über 1.000 km, bewältigt in vierunddreißig Tagen, lagen nun hinter uns!

Mir kam es vor wie eine Ewigkeit! Wie schnell gewöhnte ich mich doch an dieses völlig andere Leben So leicht hatte ich alles hinter mir gelassen, ich vermisste nichts.

Dieser Gedanke verschaffte mir aber fast ein schlechtes Gewissen, hatte ich doch Familie daheim, einen Reiterhof und damit Verantwortung.

Gar nicht so wenige Menschen machten oder erlebten ähnliche Reisen wie ich. Ob Santiago oder sonst ein Ziel, das ist nicht wirklich ausschlaggebend, was wirklich zählt, ist dieses Unterwegssein mit den tausend Eindrücken, Erlebnissen und Begegnungen. Und das Wegsein vom Alltag ...

Man verändert seine Einstellungen, endlich hat man Zeit, vieles zu hinterfragen, Wertigkeiten neu zu ordnen und sich selber besser kennen zu lernen. Unverstanden fühlt man sich vom Großteil der Menschen, die über so ein strapaziöses Nomadenleben den Kopf schütteln, aber es gibt sie doch, die Gleichgesinnten, die

Seelenverwandten! Die Begegnungen am Weg sind nicht zufällig, man trifft Menschen, weil man ihnen begegnen muss, weil man sich was zu geben hat oder etwas lernen darf, einen Grund gibt es sicher.

Nach Rueggisberg hatte ich so eine Begegnung. An einer Wegkreuzung stieß ich auf eine junge Pilgerin aus Ulm, sie hieß Margit wie ich und hatte noch dazu das gleiche rote T-Shirt der selben Marke an!
Auch sie war auf dem Jakobsweg unterwegs, wollte aber nur bis Genf.
Wir marschierten gemeinsam bis mich ein schmaler Steig über einen Bach zwang, mit meinem Pferd eine andere Route zu nehmen. Später, am Ufer der Sense, hielt ich eine längere Mittagsrast, da gesellte sie sich wieder zu uns. An diesem Tag wollte ich eigentlich Freiburg durchqueren und in Carminboef auf einem Pferdehof Unterkunft erbitten.

Wie wunderschön Freiburg doch ist! Nur dass plötzlich nur mehr Französisch gesprochen wurde, erschreckte mich anfangs. Jahrelang hatte ich mir vorgenommen, einen Französischkurs zu besuchen, nie hatte ich mich dazu aufraffen können. Und das bereute ich jetzt.
Die Stadt war viel größer als ich angenommen hatte, bis zur Kathedrale war es ziemlich weit. Es ging bereits auf sechs Uhr abends zu, ich holte mir auf der Post einen Stadtplan und musste feststellen, bis zu meinem geplanten Ziel waren es noch neun Kilometer, und das fast nur durch Stadtgebiet.
Ob mir die Frau, die mich nun ansprach, ansah, dass mir der Gedanke, noch so weit zu reiten, gar nicht gefiel?
Jedenfalls sprach sie einwandfreies Deutsch und wollte mir sofort helfen. Da sie selber ein Pferd besaß, kannte sie Einstellmöglichkeiten. Doch bei allen Anrufen wurde es abgelehnt, ein fremdes Pferd aufzunehmen. Ein gutaussehender Franzose gesellte sich zu uns, und alsbald waren diese netten Leute vertieft in angeregte Telefongespräche, nur um mir, einer völlig Fremden, ein Nachtquartier zu besorgen!
Nach etwa zwanzig Minuten endlich war alles geregelt, wir sollten bei Freunden von Cecile, dem netten Herrn, übernachten.

Der Weg führte uns bergan in eine schöne Gegend von Freiburg, Cecile fuhr vor, damit ich es auch sicher finden würde und erwartete uns einige hundert Meter vor dem Ziel mit seinen zwei kleinen Töchtern. Diese durften natürlich das letzte Stück reiten. Sie gingen in eine deutsche Schule, so konnten sie Dolmetscher spielen zwischen ihrem Vater und mir. Meine Gastgeber waren die Familie von Diesbach und ich nächtigte tatsächlich in einem kleinen Schloss! Dahinter war ein leerer Stall, der zwar an einen Bauern verpachtet war, aber momentan leer stand, sodass auch Galipolis ein sicheres Quartier beziehen konnte. Heu und Gras gab es reichlich, auch Müsli hatte ich noch übrig und es lagen eine Menge Äpfel auf der Wiese. Auch ich wurde fürstlich bewirtet, und wieder konnte ich erfahren, dass man nicht zufällig Menschen trifft, alles hat seinen Sinn.

Die von Diesbachs hatten einen Freund, Guy von der Weid, ein älterer Mann, der ebenfalls nach Santiago de Compostella geritten war. Schnell wurde er eingeladen und er kam alsbald mit Karten und Fotos von seiner Pilgerreise. Ich bekam wertvolle Tipps für die Weiterreise von Guy und das Versprechen, mich bei etwaigen Problemen zu unterstützen. Ich freute mich, dass er so gut Deutsch sprach.

Noch dazu war Guy genau der Pilger zu Pferd, von dem mir Herr Vögele in Interlaken erzählt hatte! So klein und übersichtlich war die Welt. Bekommt das Wort „Zufall" nicht eine ganz andere Bedeutung als das, was die meisten Menschen darunter verstehen? Immer fester begann ich daran zu glauben, dass mir auch weiterhin auf meiner Reise alles Notwendige zum richtigen Zeitpunkt zufallen würde!

Am nächsten Tag musste ich noch eine Stunde lang durch Stadtgebiet reiten, Galipolis war zwar absolut verkehrssicher, aber ständig auf Asphalt zu laufen und dem Lärm der Straße ausgesetzt zu sein, war doch sehr ermüdend. Noch einige interessante Begegnungen machte ich heute. Mitten in der Stadt parkte vor uns ein Auto ein, ein Mann stieg aus und kam mit mir ins Gespräch, auch er war vor Jahren mit dem gleichen Pferd wie Guy nach Santiago geritten. Von Freiburg trennten uns noch 2.200 km von unserem Ziel. Kurz darauf kamen wir an einem Haus vorbei, das der Bewohner soeben verließ und es stellte sich heraus, das er Österreicher war, seit dreißig Jahren hier lebte und ursprünglich ganz in der Nähe meines Heimatortes gewohnt hatte! Nach derartig zahlreichen „zufälligen" Begegnungen ritt ich gutgelaunt weiter.

Außerhalb der Stadt erwartete mich Guy von der Weid vor einer angeblich gefährlichen Bachüberquerung. Er machte sich Sorgen, ob wir auch heil rüberkommen würden und so hatte er geduldig auf uns gewartet.

Das war sehr lieb, aber wenn er gewusst hätte, welch schwierige Passagen wir schon hinter uns hatten, hätte er sich keine Sorgen um uns gemacht! Dies hier war wirklich kein Problem. Aber es tat auch gut, dass sich jemand um uns sorgte.

Wir pilgerten weiter bis zum Frauenkloster „La Ville Dieu", wo ich für die Nacht aufgenommen wurde, direkt daneben lag ein Bauernhof.

Im Stall war kein Platz für meinen Kameraden, aber Galipolis durfte auf die große Weide, die zwischen dem Kloster und dem Hof lag.

Das war an sich eine gute Lösung, nur erstens stand auf dieser Weide nicht mehr viel Gras und zweitens befand sich kein Strom im Weidezaun.

Nachdem ich einen Tee getrunken und eine heiße Dusche genommen hatte, machte ich mich auf zu Galipolis, um ihm Heu zu bringen.

Es war bereits dunkel, ich konnte ihn nirgends finden und er reagierte auch nicht auf mein Rufen.

Und plötzlich entdeckte ich direkt neben der Straße eine verdächtige Stelle. Ein Zaunsteher war morsch und abgebrochen, das Weideband gerissen! Panik stieg in mir auf, denn auf der Straße, die nach Romont führte, herrschte reger Verkehr.

Als ich zum Bauern zurücklaufen wollte, überholte mich ein Polizeiwagen. Diesen hielt ich an und fragte, schon den Tränen nah, ob sie ein Pferd auf der Straße gesehen hätten.

„Deswegen sind wir hier", erklärte mir die Polizistin, die zum Glück deutsch sprach.

Sie hatte von einem Autolenker einen Anruf bekommen, dass ein freilaufendes Pferd auf der Hauptstraße unterwegs war ...

In diesem Moment hörte ich meinen Schatz wiehern, es kam aus der Richtung des Bauerhofes. War ich glücklich! Als ich dort ankam, hatte der Bauer mein Pferd bereits eingefangen und festgebunden. Da er nur einen kleinen Stall hatte für seine eigenen zwei Freiberger-

Stuten mit Fohlen, gab er seine Pferde auf eine (andere) Weide für die Nacht und Galipolis bekam deren ausbruchsicheren Stall.

Ich bedankte mich in holprigem französisch, ganz ohne Dolmetscher war die Unterhaltung schwierig. Ich musste mir dringend ein Lexikon Französisch-Deutsch besorgen. Dies hatte ich bisher immer aufgeschoben.

In Zukunft würde ich noch besser auf mein Pferd Acht geben, das schwor ich mir. Ein Hengst ist nun mal nicht zu halten, wenn er in der Nähe Stuten wittert.

Später genoss ich die Stille in dem sehr einfachen, alten Kloster und schickte ein Dankesgebet zum Himmel, weil Galipolis seinen Ausflug unfallfrei überlebt hatte. Nicht darüber nachdenken, was passieren hätte können ...

Unser Weg führte uns tags darauf durch Romont und wieder bewunderte ich eine schöne, gut erhaltene mittelalterliche Altstadt. Wir zogen weiter durch die herrlichen Wälder des Schweizer Juragebietes. Hier soll es vor Jahrhunderten sehr gefährlich für Pilger gewesen sein. Viele wurden überfallen, ausgeraubt und auch ermordet.

Ich freute mich über die Vielfalt der Vögel, die ich hier beobachten konnte und über die Ruhe dieses großen Waldgebietes. Hier fühlte ich mich geborgen.

Leider gab es immer wieder Wegabschnitte, in denen das Gelände plötzlich steil abfiel und Schluchten nur über schmale Treppen zu überwinden waren. Dadurch waren wir immer wieder gezwungen, längere Umwege zu machen.

Kurz vor Lausanne fand ich zum Glück und wegen Guys Beschreibung einen Reitstall und gleich daneben ein ziemlich teures Hotel. Ich hatte zwar vorgehabt, im Stroh zu schlafen, aber im Stall war es überall sehr schmutzig und der Heuboden leer, also zog ich es vor, im Hotel nebenan zu bleiben.

Ich begegnete auch Margit aus Ulm wieder und Andreas, einem Deutschen, der ebenfalls bis Santiago wollte. Sie fuhren allerdings mit dem Bus nach Lausanne, um in der billigen Jugendherberge zu schlafen.

Tags darauf musste ich mir eine Alternativroute überlegen, denn der Jakobsweg führte von Lausanne bis Genf dem See entlang, das hieß, durch viele Städte und Dörfer auf meist asphaltierten Wegen die nächsten fünfundsiebzig Kilometer Seelänge.

Dazu hatte ich natürlich keine Lust, also kaufte ich mir Wanderkarten und fand dadurch schöne Wiesen- und Waldwege abseits der verbauten Gebiete. Obst- und Weinplantagen verleiteten uns zum Naschen und jeder kleinste Winkel meiner Packtaschen wurde befüllt. Tagelang ernährte ich mich hauptsächlich von saftigen Äpfel, Birnen und süßen Weintrauben. Es gelang mir kaum, heimlich ein Obststück aus der Packtasche zu holen. Spätestens, wenn ich genüsslich reinbiss, verdrehte Galipolis seinen Kopf und verlangte nachdrücklich seinen Anteil.

Im kleinen Dorf Lully entdeckte ich bei bereits einsetzender Dunkelheit ein Pony in einer Koppel vor einem Bauernhaus.

Im Wissen, dass Menschen mit Pferden und Ponys beim Anblick einer einsamen Reiterin meist sehr gastfreundlich waren, klopfte ich an die Tür und bat mit meinem begrenzten Französisch-Wortschatz um Aufnahme.

Welche Freude, die Bäuerin hatte in jungen Jahren einige Zeit in Deutschland verbracht und sprach gut deutsch.

Mein Pferd und ich bekamen Unterschlupf für die Nacht und ganz selbstverständlich auch Abendessen und Frühstück. Schön, dass es so viele gute Menschen gibt – ich war dankbar.

Es kostete mich allerdings immer noch Überwindung, an fremde Türen zu klopfen und um Aufnahme zu bitten. Ich überwand schrittweise Scham und Schüchternheit.

Ein langer, anstrengender Tag folgte. Neun Stunden waren wir unterwegs. Bei einem munteren Galopp im Wald ging meine Karte verloren, sodass wir danach leider einige Kilometer unnötig umherirrten und sogar wieder bis ans Seeufer gelangten.

Erst dachte ich, nun gut, folgen wir wieder dem markierten Weg, aber dieses Vorhaben gab ich bald wieder auf und zog mit meinem Pferd wieder nordwärts, weg vom Straßenlärm.

Abermals fand ich erst bei Dämmerung einen Bauernhof in der Nähe von Nyon, mit Pferdeweiden davor. Sehr müde schlief ich in einem Motel in der Nähe, ich hatte einfach keine Lust, im Stroh zu schlafen.

Der letzte Tag in der Schweiz führte uns wieder durch stille Wälder und doch waren wir ganz in der Nähe der Autobahn.

Ich wollte nicht den offiziellen Grenzübergang in Genf benutzen, da dies bedeutet hätte, viele Kilometer durch die Großstadt zu reiten, je länger wir unterwegs waren, desto unerträglicher wurden für mich Lärm, Verkehr und die spürbare Hektik.

Auf meiner neuen Karte entdeckte ich einen Weg direkt neben dem Flughafen, der scheinbar der Grenze entlang durch ein nur leicht besiedeltes Gebiet führte.

Wie gelassen mein Pferd bereits war, wir waren nur durch einen hohen Zaun vom Flughafengelände getrennt, Flugzeuge landeten mit ohrenbetäubenden Getöse keine hundert Meter neben uns und Galipolis hob nicht mal seinen Kopf, um zu schauen. Grasen war wichtiger! Nichts konnte ihn dabei aus der Ruhe bringen.

Kurz darauf stand ich vor einem Problem: Unser Wiesenweg führte über die Grenze nach Frankreich, ein Schild wies darauf hin, dass hier der Übergang verboten war.

Was sollte ich tun?

Umdrehen und den Weg durch die Stadt nehmen, um ganz legal nach Frankreich einzureisen? Ich dachte auch an die Schwierigkeiten, die ich bekommen würde, da ich doch keinen Einreisestempel hatte, waren wir doch in Bängs „illegal" über den Rhein spaziert! Also brauchte ich nicht lange zu überlegen und ritt einfach weiter. Hätte uns jemand aufgehalten, hätte ich mich unwissend und dumm gestellt. Hätte mir das geholfen? Zum Glück erfuhr ich das nie.

Ein etwas eigenartiges Gefühl beschlich mich dabei, noch dazu ritt ich vier Kilometer später wiederum zurück in Schweizer Gebiet, um einen Tag später abermals „illegal" auszureisen …

Um unnötige Umwege zu vermeiden, war ein bisschen Nervenkitzel unvermeidbar: „Hält mich wer auf und kontrolliert meine Papiere oder nicht?"

Ich tat so, als könne ich „Passage interdit!" nicht lesen und ritt wie selbstverständlich bei einem kleinen Dorf wieder über die Grenze. Unbeschwert? Leichtsinnig? Mutig oder dumm? Egal, es gelang uns ohne Schwierigkeiten …

Die folgende Nacht verbrachten wir somit wiederum in der Schweiz, in Meyrin.

Im Ort hatte ich wieder mal Pferdeäpfel auf der Straße gesehen und somit war der Stall bald gefunden. Schlafen konnte ich unter dem Dach in einem Aufenthaltsraum auf einer Matratze auf dem Boden. Nachts liefen einige Male Mäuse über mich hinweg – ein kurzes Erschrecken wohl beiderseits und schon war ich wieder eingeschlafen.

Das letzte Mal überquerte ich die Grenze nach Frankreich, natürlich wieder vorbei an einem bereits bekannten Schild: „Passage interdit" schon ziemlich gelassen.

Ich konnte mir ein Grinsen nicht verkneifen, war stolz und erleichtert, diese Herausforderung geschafft zu haben. Die schöne Schweiz lag hinter uns und nun freute ich mich auf 1.100 km Frankreich.

Galipolis – mein Held

unser Schatten begleitet uns ...

wir studieren die Karte

zum Glück gibts meistens Dorfbrunnen

Kathedrale in Leon

Ist das auch wirklich
breit genug ...?

Aufstieg auf den Arlberg ...

... fast geschafft!

Mariensee am Arlberg

so viele Unwetterschäden

mit der Fähre über den Vierwaldstättersee

Schwyz mit kleine und große Mythen

FRANKREICH

Gleich nach einigen Kilometern lernte ich zum ersten Mal die herzliche und gastfreundliche Art der Franzosen kennen.

Obwohl schon Ende September, brachten uns die Temperaturen zum Schwitzen. Ich wurde im ersten kleinen Dorf gleich zweimal auf ein kühles Getränk eingeladen. Eine kleine Rast tat gut, auch mein Pferd bekam einen Eimer Wasser.

Allzu weit kamen wir heute nicht, denn nachmittags wurde ich von einem Auto überholt, dessen Fahrer uns anhielt und in französisch auf mich einredete. Denn Sinn verstand ich in etwa, doch war ich froh, als in diesem Moment eine junge Mutter mit Kinderwagen des Weges kam und (wie könnte es auch anders sein?) zufällig deutsch sprach.

Wir wurden eingeladen, auf dem Hof des Autofahrers, Gerard, Rast zu machen und die kommende Nacht zu verbringen.

Eigentlich wollte ich noch weiterreiten, da erst früher Nachmittag war, andererseits aber noch weit weg vom beschilderten Jakobsweg. Doch ich freute mich, kein Quartier suchen zu müssen.

Gerard fuhr vor, ich ritt hinterher und als unser Weg einige Kilometer über Feldwege führte, fragte ich mich kurz: „Wo bringt der uns hin?"

Misstrauen war aber völlig unbegründet!

Mein Pferd und ich wurden bei einer überaus liebenswerten Familie aufgenommen, obwohl wir uns nicht wirklich richtig unterhalten konnten.

Ich fühlte mich sehr wohl, Gerard und seine Frau Muriel waren reizende Menschen.

Nur mein Pferd wäre viel zu dick für eine so lange Reise, meinte Gerard.

In Spanien sollte ich noch froh darüber sein, dass Galipolis einige Reserven auf den Rippen hatte, er würde das noch gut gebrauchen können!

Das wusste ich aber zu diesem Zeitpunkt noch nicht.

Erstmals auf meiner Reise wurde ich tags darauf von einer Reiterin begleitet. Muriel hatte sich kurz entschlossen Zeit genommen und war mit mir geritten. Auch mein Hengst schien sich über den Pferdekollegen zu freuen und zeigte seit langem wieder Vorwärtsdrang und Temperament.

Nach einem Picknick an einem idyllischen Plätzchen im Wald, ein kleiner Fluss schlängelte sich vorbei, erklärte mir Muriel anhand meiner Karte, wie ich wieder zum gekennzeichneten Weg finden würde und verließ uns, um noch vor Anbruch der Nacht zu Hause zu sein.

Solche Begegnungen waren schön, ich fühlte mich glücklich, es tat gut, zu sehen, dass auf unserer Erde so viele gute, liebenswerte Menschen wohnten.

Aber es machte mich auch traurig, solchen Leuten „Auf Wiedersehen" zu sagen in dem Wissen, dass man sich doch mit großer Wahrscheinlichkeit niemals wieder begegnete.

Eine Lektion des Lebens: Loslassen lernen!

Schön war es hier in Frankreich, die Landschaft, die Berge, Wälder und diese Weite. Wir folgten wieder den Jakobsmarkierungen, der Weg nun wurde Via Gebennensis genannt.

Bald schon erreichten wir den Ort Frangy. Mein Weg führte mich wie so oft in ein Büro für Touristeninformation, hier bekam man genauere Karten der Umgebung und auch Vorschläge für Übernachtungsmöglichkeiten. Bei einem Stopp vor einem Supermarkt erregten wir Aufsehen, in diesem Land wurde ich oft angesprochen und bekam viele gute Wünsche und Ratschläge für meine Reise.

Als ich danach einen Kreisverkehr überqueren wollte, hielt ein LKW mitten drin, nur weil der Fahrer neugierig war, wer ich sei und woher ich kam!

Obwohl sich die Unterhaltung mehr als schleppend gestaltete, bekam ich eine Einladung zum Abendessen. Außerdem war der Mann Hufschmied, er kontrollierte gleich den Beschlag meines Pferdes und befand ihn für gut.

Wäre es abends in meiner kleinen Privatherberge nicht so gemütlich gewesen, hätte ich seine Einladung sicher auch angenommen. Galipolis übernachtete wiederum in einem richtigen Pferdestall. Schon bald würden wir auf solchen Komfort verzichten müssen, und zwar für lange Zeit ...

Ich lernte nun die familiären Pensionen Frankreichs kennen. Für einen Preis von zwanzig bis fünfundzwanzig Euro bekam man ein hübsches Zimmer und nahm Abendessen und Frühstück gemeinsam mit der Familie ein. Tagsüber war ich doch meist alleine, also freute ich mich, wenn ich abends Gesellschaft hatte.

Wir wurden auch in diesem Land oft „weitergereicht", das heißt, ich bekam ständig Adressen und Telefonnummern von Unterkunftsmöglichkeiten. Das erleichterte uns natürlich unsere Pilgerreise, denn die Quartiervorschläge in den Pilgerführern waren in der Regel unbrauchbar für Reiter. Ich musste ja auch für ein Pferd eine Bleibe und Futter organisieren.

Der Jakobsweg führte uns am nächsten Tag durch einen Abschnitt des wunderbaren Rhonetals. Zwanzig Kilometer ritt ich durch ein Naturschutzgebiet voller Vögel, unzählige Enten, Reiher und viele andere Wasservögel bekam ich zu sehen. Wie schön war es hier und es tat mir ein bisschen leid, dass ich meine Freude darüber nicht mit jemandem teilen konnte.

So fern von der Hektik und dem Trubel von menschlichen Siedlungen fühlte ich mich glücklich und frei, ich sang laut (und wahrscheinlich falsch) vor mich hin und dankte Gott, dass ich dies alles erleben durfte!

Es dunkelte bereits, als wir den nächsten Ort, Channaz, erreichten. Noch hatte ich keine Ahnung, wo wir die heutige Nacht verbringen würden, aber ich war voller Vertrauen, dass wir eine Unterkunft finden würden.

Ich hatte zwar bei zwei Herbergen, die in meinem Buch vermerkt waren, angerufen, aber nur verstanden, dass für ein Pferd kein Platz war.

Und wieder war ich zur richtigen Zeit am richtigen Ort!

Sind wir das nicht sowieso meist in unserem Leben?

Gleich bei Dorfbeginn entdeckte ich einen kleinen Hof und eine Weide, auf der zwei Pferde grasten. Leider war weit und breit kein Mensch zu sehen, also machte ich mich auf den Weg ins Innere des Ortes.

Und schon nach einigen Metern hielt neben mir ein Auto, die Beifahrerin sprach etwas Englisch und der Besitzer des Pferdestalles, den ich gerade entdeckt hatte, war ein Freund. Sie geleitete uns zum Restaurant, in dem dieser Herr arbeitete und teilte ihm mein Anliegen mit.

Wir durften bleiben, neben dem Stall war auch ein kleines Matratzenlager, wo ich nächtigen konnte. Galipolis bekam eine Box mit angeschlossener Weide, der Weidezaun war geladen, also konnte ich ihn ruhig draußen lassen, was meinem Kumpel bestimmt zusagte, denn es war eine schöne, wenn auch bereits ziemlich kalte Nacht.

Und auch ich schlief nach einer Katzenwäsche mit kaltem Wasser bestens.

Leider kam mit dem nächsten Morgen auch eine Schlechtwetterfront auf uns zu.

Der Tag, es war bereits der erste Oktober, begann schon mit Regen. Mit ihm kam auch mein lästiges Asthma, was mir wieder zu schaffen machte.

Unser gut beschilderte Jakobsweg führte gleich morgens steil bergauf und dadurch ging mir fast „die Luft aus".

Der Abstieg zum kleinen Dorf Vetrier war auf dem markierten Weg mit meinem vollbepackten Pferd nicht zu passieren, also suchte ich anhand der Karte eine Alternative, um Lucey zu erreichen. Danach folgten wir einem Radweg entlang der Rhone, einige Wege waren zwar gesperrt wegen der Jagd, aber als ich endlich verstand, was auf den Warntafeln geschrieben stand, waren wir auch schon wieder draußen aus dem Gebiet – ohne dass man auf uns geschossen hatte.

Nach viereinhalb Stunden war ich todmüde und beschloss, schon hier in dieser kleinen Stadt namens Yenne ein Quartier zu suchen.

Der Ort wirkte wegen des Regens wie unbewohnt, doch am Marktplatz fand ich endlich ein junges Mädchen, das ich nach einer Herberge fragen konnte.

Ich hielt mich gerne an Teenager, da ich annahm, diese lernten in der Schule Englisch und eine Unterhaltung würde so einfacher.

Leider war das jetzt nicht der Fall, aber trotz ungemütlichem Nieselregen standen bald sechs Personen um mich versammelt und bemühten sich, mit Hilfe von einigen Telefonaten einen geeigneten Platz für uns zu finden. Jemand kannte eine Frau, deren Enkelin ein Pferd besaß, und ich wurde gleich von dreien der hilfsbereiten Menschen dorthin geführt.

Zum Glück war das ungefähr neunjährige Mädchen samt Großmutter auch anwesend. Der Vater der Kleinen war Deutscher, daher sprach sie fließend meine Muttersprache. Ihr Pferd war bei Freunden eingestellt und dorthin wollte mich das Mädchen führen. Natürlich durfte sie auf Galipolis reiten.

Das alte, riesige Haus von Marie und ihrer Familie lag etwas außerhalb von Yenne, direkt am Jakobsweg.
Sie besaßen drei Pferde, für Galipolis war Platz und ich bekam das Zimmer ihrer ältesten Tochter, die auswärts studierte, ein Zimmer voller Pferdebücher und -fotos und einer Menge Pokalen, die sie bei diversen Springturnieren gewonnen hatte.
Neun Kinder hatten Marie und ihr Mann großgezogen, drei davon lebten noch zuhause bei ihnen.
Ich hatte selten soviel Liebe in einer Familie erlebt, alle behandelten einander mit Höflichkeit, zärtlichen Gesten und es wurde ständig herzhaft gelacht.
So soll Familie sein, dachte ich, auch etwas traurig und beschämt, denn so viel Harmonie und Leichtigkeit vermisste ich leider daheim.

Für die folgende Nacht arrangierte Marie für uns eine Bleibe in St. Genix in einem bekannten Reitstall. Es lag zwar nicht ganz auf unserer Route, aber da es weiterhin stark regnete, war ich froh, wieder einen ordentlichen Hof gefunden zu haben.
Ich schlief in einem luxuriösen Pferdetransporter. Die Tochter des Hauses ritt internationale Springturniere und war mit diesem LKW oft in ganz Europa unterwegs.
Man ließ mich hier zwar allein, aber der Hausherr brachte mir etwas zum Abendessen und auch Frühstück.
Im Reiterstüberl konnte ich mir Tee kochen, den hatte ich auch nötig, ich fühlte mich krank vom kalten, nassen, windigen Wetter. Meine Nase war verstopft und ich war wieder sehr kurzatmig.
Galipolis war in guter Verfassung, hatte bis jetzt immer reichlich zu Fressen und wöchentlich Mineralstoffe und Vitamine in konzentrierter Form, die ich noch aus Österreich mithatte.
Ich nutzte jede Gelegenheit, ihm die Beine zu kühlen nach einem anstrengenden Marsch und auch seinen Rücken massierte ich gewöhnlich mit einer durchblutungsfördernden Salbe. Diese Behandlungen ließ er sich gerne gefallen. Er musste mich momentan

viel tragen, da ich mich durch meine Asthmaanfälle sehr schwach fühlte und mich längeres Marschieren sehr anstrengte. Schon das Aufsitzen brachte mein Herz zum Rasen.

Ich freute mich auf besseres Wetter, denn bei wolkenlosem Himmel bekam ich solche Beschwerden kaum. Ich hatte das Gefühl, diese dicke Wolkendecke am Himmel würde mir direkt auf meine Brust drücken und mich ersticken!

Die ganze Nacht hatte es heftig geregnet und ich war davon einige Male aufgewacht.

Als wir uns aber morgens auf den Weg machten, war es damit zum Glück endlich vorbei. Nur Kälte und eine dicke Wolkendecke begleiteten uns den ganzen Tag.

Bis Le Pin führte unser Weg durch sehr hügeliges Gelände mit teilweise wunderbaren Wegen. In dem kleinen Ort fand ich eine Privatherberge wieder einmal direkt neben einem Reiterhof.

Hier traf ich nach langer Zeit wieder mal einen deutschen Pilger, der aber nur bis Le Puy wollte.

Nächste Station machten wir in Faramas. Ein Bauer und Pferdefreund hatte einige kleine, sehr urig und gemütlich eingerichtete Blockhäuschen mit jeweils einer eingezäunten Koppel darum errichtet, die er an Wanderreiter vermietete.

In einem der Hütten wohnte seit einer Woche ein Schweizer namens „Cermi". Er war seit sechs Monaten mit seinen zwei Pferden und seinem Hund unterwegs Richtung Schweiz. Sein Startpunkt war Faro, ganz im Süden Portugals. Leider war sein Packpferd in der Nähe von einer schmalen Brücke gestürzt und hatte sich verletzt. Daher wollte er hier pausieren, bis sein Pferd wieder fit sein würde.

Ich war mit Gali über die gleiche Brücke gekommen, nur hatte ich zum Glück die breiten Packtaschen vor der Überquerung abgenommen und so einen Unfall verhindert. An der sehr schmalen Brücke war nämlich nur auf einer Seite ein Geländer angebracht gewesen, für ein Pferd mit Packtaschen einfach viel zu eng, es musste dadurch einfach auf der Seite ohne Geländer ins Wasser stürzen ...

Leider waren die zwei Pferde von Cermi ziemlich abgemagert, so sollte mein Kamerad nicht in Santiago ankommen, das schwor ich mir!

Meine langjährige Erfahrung mit Pferden kam mir zum Glück zugute, ich wusste intuitiv ziemlich gut, was ich meinem Freund zumuten konnte.

Cermi erzählt mir von Begegnungen am Weg. Später, als ich eben diese Leute traf, erkannte ich, dass wir Pilger, Abenteurer eine große Familie sind, egal, wo wir herkommen.

Nach einem gemeinsamen Frühstück mit dem Schweizer und einer netten Unterhaltung ritt ich erst gegen Mittag des nächsten Tages weiter.

Ich hätte Lust gehabt, hier eine kleine Pause einzulegen, so gemütlich war es in meinem Häuschen mit Holzofen gewesen. Das Brennmaterial war direkt vor der Hütte aufgeschichtet, unter riesigen Kastanienbäumen lagen jede Menge wohlschmeckender Maroni, die sowohl mir (gekocht) als auch meinem Pferd sehr gut schmeckten.

Doch ich beschloss, das endlich trockene Wetter zu nutzen und weiterzuziehen.

Zweinunddreißig Kilometer schafften wir am selben Tag noch bis Assieu.

Laut meinem Pilgerführer schien Assieu ein größerer Ort zu sein, aber bald merkte ich, dass es nur ein verschlafenes, um nicht zu sagen, fast verlassenes Dorf war.

Ich fragte wiederum den ersten Passanten, den ich auf der Straße traf, nach einer Unterkunft.

Wie schon so oft wurde mir geholfen und wir zu einem Haus geführt, das mitten im Ort lag, und vor einer kleine eingezäunte Wiese mit einigen Ziegen, Schafen und Hühnern.

Die kleinen Töchter von Gwänelle, der jungen Lehrerin, die hier mit Mann und ihren drei Kindern lebte, nahmen in einem entfernten Ort Reitunterricht, daher nahm man an, hier wäre der geeignete Platz für uns.

Gwänelle hieß uns willkommen, sie sprach auch gut englisch.

Die Kinder plauderten ohne Pause französisch mit mir und wollten nicht glauben, dass ich kaum was verstand. Mit viel Gelächter bombardierten sie mich mit ihren Fragen und Erklärungen.

In Assieu gab es genau acht (!) Arbeitsplätze, drei Lehrer, ein Bäcker, ein Mechaniker und drei Verkäufer im Lebensmittelgeschäft. Ein aussterbender Ort, von dem die Jungen lieber wegzogen.

Es schien auch eine etwas trostlose Gegend zu sein – die lehmfarbenen, alten Steinhäuser, der ziemlich ungepflegte, verwahrloste Anblick des Ortes, vor allem viele Bauernhöfe wirkten baufällig und anscheinend hatte jeder seine eigene Müllhalde vor der Tür ...

Galipolis fraß gemeinsam mit den Ziegen und Schafen. Ich hatte befürchtet, er könnte etwas aggressiv auf sie reagieren. Als Hengst konnte er manchmal richtig biestig werden, aber mein Pferdchen benahm sich hier gut und hatte nichts gegen seine heutigen Stallkollegen.

Als die zwei kleinen Mädchen am nächsten Tag bis zur Schule reiten durften, meinte Gwänelle, ich hätte ihnen die größte Freude bereitet und mich damit für die Übernachtung und Verpflegung mehr als revanchiert. Bezahlung hatte sie keine angenommen. Und somit freute auch ich mich über die strahlenden, stolzen Blicke der Mädchen, beneidet von ihren Klassenkollegen, die sich gleichfalls freuten, als sie mein Pferd streicheln durften.

So leicht gelingt es, Kindern eine Freude zu machen!

Die Wege waren hier voller großer Steine, die Galipolis das Weiterkommen sehr erschwerten.

Die rote Erde der Felder erinnerte mich an Wüsten, steinreiche Wüsten. Als Zäune zwischen den Grundflächen dienten aufgeschichtete Steine, die wohl schon vor Jahrzehnten oder Jahrhunderten in mühsamer Handarbeit errichtet worden waren.

Die Landschaft faszinierte mich.

Wir überquerten die Rhone bei Chavanay. Eine Zeitreise ins Mittelalter – die typischen alten Steinhäuser, gepflasterte Straßen – noch oft sollten mich ähnliche Orte begeistern.

Ein anstrengender Aufstieg folgte, aber die herrliche Aussicht zurück ins Rhonetal lohnte diese Mühe.

Über steinige Wege plagten wir uns ständig rauf und runter, querten wieder mal eine Apfelplantage – eine willkommene Pause und stärkende leckere Vitamine für uns beide. Galis Packtaschen waren wenig später zum Platzen gefüllt.

Die Hitze des heutigen Tages war quälend, mühsam überquerten wir einen Berg. Die Erleichterung war groß als es endlich abwärts ging nach St.-Julien-Molin-Molette. In einer Apotheke besorgte ich Medikamente gegen meinen lästigen Schnupfen und fragte nebenbei nach einer Unterkunft.

Man verwies mich in einen kleinen Reitstall mitten im Ort und eine freundliche Passantin begleitete uns hin.

Leider war keiner anwesend, obwohl aus einem Radio im Stallgebäude Musik drang. Einige Halfter am Anbindeplatz und geöffnete Putzboxen ließen mich ahnen, dass einige Reiter und Pferde unterwegs waren.

Ich entschloss mich zu warten. Erstens hatte ich keine Lust, weiter zu ziehen und zweitens war ich durch die große Gastfreundlichkeit der vergangenen Wochen sicher, hier bleiben zu können.

Galipolis hatte ich inzwischen angebunden, den Sattelgurt gelockert und ihm einen Kübel Wasser gebracht. Ich war voller Zuversicht.

Endlich, es war schon fast dunkel, kam der Chef des Hauses zurück. Leider zeigte er sich gar nicht erfreut, uns zu sehen. Und als er merkte, dass Galipolis ein Hengst war, schickte er uns weg mit der Begründung, keinen Platz zu haben.

Die Verständigung gestaltete sich schwierig, da er nur Französisch sprach und wie die meisten Franzosen, so schnell, dass ich ziemlich planlos weiterzog.

Ich verstand nur, in drei Kilometer Entfernung gäbe es eine Pilgerherberge mit Unterbringungsmöglichkeit für mein Pferd.

Nun gut, es blieb mir auch nichts anderes übrig. Ich entschuldigte mich für meine Dreistigkeit, hier einfach in seinem Innenhof gewartet zu haben. Damit hatte ich anscheinend eine Grenze überschritten und entschuldigend machte ich mich rasch auf den Weg. Die Dämmerung hatte längst eingesetzt.

Auf den folgenden Kilometer überredete ich Galipolis, nochmals alles zu geben. Erst unwillig und sichtlich enttäuscht beim Verlassen des Hofes, galoppierte er bald in gutem Tempo bergan, wohl wie ich in der Hoffnung, bald irgendwo anzukommen.

Es war schnell stockdunkel und ich wechselte zur Straße, die in der Nähe unseres Weges verlief. Hier würde ich mich hoffentlich nicht verirren ...

Ich wurde leicht nervös, hatten wir doch keine ausreichende Beleuchtung – ich musste mir so schnell wie möglich etwas Reflektierendes besorgen, nahm ich mir vor und nicht länger derart leichtsinnig unterwegs sein.

Die Taschenlampe in meiner Hand war absolut nicht genügend.

Leider fand ich keine Herberge. Nichts war zu sehen, nur einige Schotterwege, die von der Straße abzweigten und irgendwohin in die Berge führten. Wir waren wieder mal auf einer Anhöhe, der Ausblick im Dunkeln auf die nächste Kleinstadt, Burg-Argental und zurück nach St.-Julien-Molin-Molette unter dem sternenklaren Himmel war atemberaubend schön und zum Glück bemerkte ich plötzlich trotz der Finsternis eine Markierung meines Jakobsweges. Ich hatte den markierten Weg ja im letzten Ort verlassen und jetzt stieß ich so ganz zufällig wieder darauf, als ich im Dunkeln kurz anhielt!

Das Universum hilft immer – um dies zu erkennen, sollte man ab und zu kurz an- oder innehalten ...

Der markierte Weg führte neben der Straße steil hinunter in einen Wald. Ich hoffte, dass er mit meinem Pferd begehbar sein würde und mit Hilfe der Taschenlampe führte ich Galipolis an der Hand ohne Probleme flott abwärts.

Nur, ehrlich gesagt, ganz wohl fühlte ich mich nicht hier, irgendwo in der Pampa im Dunkeln so alleine ... Ich wünschte, ich hätte meinen Schäferhund Chico mitgenommen auf meine Reise.

Etwas Sicherheit hätte er mir genau jetzt vermittelt. Die Befürchtung, noch mehr Schwierigkeiten bei der Herbergssuche zu haben, hatte mich davon abgehalten.

Endlich war der Wald durchquert und direkt neben dem Weg entdeckte ich eine eingezäunte Wiese, deren Eingang offen stand.

Yeah, das sollte unser Nachtquartier sein!

Müde verschloss ich mit meinem mitgebrachten Weidezaunband den Eingang der Weide, sattelte Galipolis ab und legte mich sogleich erschöpft unter einen Baum.

Nur mit der Pferdedecke als Unterlage unter meinem Schlafsack fror ich erbärmlich, obwohl ich fast alle meine Kleidungsstücke übereinander angezogen hatte. Die Kälte und die Feuchtigkeit krochen vom Boden hinein bis zu meinen Knochen. Einen erholsamen Schlaf würde ich heute nicht finden.

Unruhig schrak ich immer wieder hoch, ich konnte nicht sicher wissen, ob die Weide auch wirklich durchgehend eingezäunt war. Sie war ziemlich groß und wegen der Dunkelheit und meiner Müdigkeit hatte ich die Umzäunung nicht mehr kontrolliert.

Unterhalb des Areals konnte ich eine verkehrsreiche Straße ausmachen, die Scheinwerfer vorbeifahrender Autos ermöglichten mir zumindest, Galipolis Umrisse hin und wieder zu sehen. Ich hoffte wie so oft, es mögen in der Nähe keine anderen Pferde sein. Meist hielt sich Gali sowieso in meiner Nähe auf. Sein Halsriemen war deutlich zu hören, der massive Ring daran klang ähnlich wie eine Glocke. Irgendwann gegen Morgen, ich erkannte bereits einen hellen Schimmer am Horizont, band ich mein Pferd an einen Baum. Bestimmt hatte er genug gefressen und ich wollte wenigstens kurz sorgenfrei schlafen.

In dieser Nacht sah ich eine Sternschnuppe, wie ich sie vorher noch nie gesehen hatte, riesig, überwältigend. Ich durfte mir was wünschen und was, das war klar!
Gut und wohlbehalten wollte ich mit Galipolis in Santiago an-kommen – dafür schickte ich ein kurzes Gebet Richtung Himmel.

Morgens erwachte ich vor Kälte zitternd und ich wand mich widerstrebend aus meiner Höhle. Mein Blick suchte sofort mein Pferd, die herrschende Stille hatte mich wahrscheinlich geweckt. Galipolis war nirgends zu sehen!
Kurze Panik machte sich breit, doch hinter der nächsten Hügelkuppe graste er friedlich. Er hatte den Knoten des Seiles geöffnet und wohl nicht eingesehen, dass er inmitten dieser saftigen Wiese angebunden stehen sollte …
Erleichtert ließ ich ihn noch eine Stunde fressen, doch dann war es an der Zeit, weiter zu ziehen. Ich hätte es auch als unangenehm empfunden, wäre plötzlich der Eigentümer dieses Grundstücks aufgetaucht. Das lag wohl daran, dass wir gestern sozusagen vertrieben worden waren und ich das insgeheim wieder erwartete.

Ein nebeliger Morgen erwartete uns, in Burg-Argental waren eine Menge Kinder unterwegs zur Schule. Mein neuer Lebensrhythmus dieser Pilgerreise hatte mich schon entfremdet für die Tagesabläufe der Mehrheit der Menschen – jeder hastete morgens zur Arbeit, zur Schule, alle schienen es eilig zu haben – und ich schlenderte mit meinem vollbepackten Pferd durch den Ort und fühlte mich trotz Kälte und Müdigkeit glücklich, wenigstens eine Zeitlang kein Teil dieser geschäftigen Welt sein zu müssen. Im Augenblick konnte ich mir gar nicht vorstellen, wieder zurück zu kehren in diesen Trubel, den auch ich mir zu Hause geschaffen hatte.

Beim nächsten Supermarkt besorgte ich mir Proviant, ich war ziemlich ausgehungert. Außer Äpfel hatte ich den letzen Tagen nicht allzu viel gegessen. Als Galipolis seine Frühstückskarotten verdrückte und ich meinen Proviant verstaute, sprach mich eine Frau an und fragte überrascht, wo wir denn übernachtet hätten?
Mir war es peinlich – ich weiß: unsinnig – zu erklären, dass wir im Freien campiert hatten, da ich doch soviel verstand, dass ganz in der Nähe eine Reitschule war.
Auch wenn ich abends zuvor den beleuchteten Ort wahrnehmen konnte, so hatte ich gar keine Lust verspürt, in der Dunkelheit noch an Türen zu klopfen und danach zu fragen. Ich weiß nicht, warum mir unangenehm war, einfach irgendwo campiert zu haben – vielleicht, weil sie mich so mitleidig ansah – wirkte ich schon wie eine verarmte und ungepflegte Vagabundin? Lach …

Es ist schon komisch, manchmal schämt man sich für Dinge oder eigenes Verhalten völlig unbegründet und meint, etwas verbergen zu müssen. Eine Konditionierung aus der Kindheit?
Mein Pferd kannte solche Gefühle nicht. Beneidenswert!

Welch Freude – kurz nach dieser Begegnung fand ich am Weg ein Café. Galipolis musste warten und ich bestellte einen, nein, zwei heiße Kaffees. Und noch einen Tee … Trotzdem reichte es kaum aus um diese Kälte und Feuchtigkeit aus meinem Körper zu vertreiben.

Schon bald kämpfte sich die Sonne durch den Morgennebel und ein schöner, warmer Herbsttag erwartete uns. Der Weg führte wieder in die Berge mit herrlich farbenfrohen Wäldern.
Leider achtete ich zu wenig auf den Weg, die Markierungen waren teilweise überwuchert von Kletterpflanzen oder verdeckt durch herabhängende Äste.
Ich erwischte eine falsche Abzweigung und wir irrten über eine Stunde lang auf matschigen Forstwegen umher. Laut meiner Wanderkarte nahm ich an, der Weg würde sich in einigen Kilometern wieder mit dem Jakobsweg vereinen. Den eingezeichneten Höhenlinien schenkte ich keine Beachtung.

Dadurch wurde die zurückgelegte Strecke sehr anstrengend. Die Anspannung, nicht genau zu wissen, wo wir uns befanden in der Einsamkeit dieses weiten Waldes auf 1.200 m Höhe, führte dazu, dass ich müde und erschöpft war, als wir in Les Sitoux ankamen. Ich war in diesem eher steilen Gelände viel zu Fuß gegangen und die Vorfreude auf ein warmes Bett war groß.

Ich fand eine hübsche neue Gite – eine Herberge. Im weitläufigen Garten dahinter konnte Galipolis die Nacht verbringen und sich am saftigen Gras stärken.

Endlich ergab sich wieder die Gelegenheit, meine Kleidung zu waschen, zu meiner Freude durfte ich die Waschmaschine benutzen. Ganz allein befand ich mich hier, denn die Herberge wurde vor allem im Winter für Schigäste genutzt.

Am nächsten Tag war Zeit zu feiern! An einem klaren, gewundenen Bächlein, an einer zauberhaften Lichtung mitten im Wald fand ich ein angemessenes Plätzchen. Mit einem Picknick – Käse und Wein für mich, Gras und Gerste für Gali zelebrierten wir ein Fest der Dankbarkeit. Die Hälfte unseres Pilgerweges lag hinter uns! Unsagbar stolz war ich auf meinen jungen wunderbaren Hengst.

Mein Pferd graste auf der kleinen Wiese und ich gönnte mir ein Schläfchen in der warmen Sonne, während meine am Vortag gewaschene Kleidung an den umliegenden Bäumen hängend trocknen konnte.

Mir ging es blendend, die zwei Gläschen Wein halfen dabei – schön war unser Zigeunerleben. Ich fühlte mich frei von allen Sorgen und Problemen. Die Strapazen des Vortages waren schon vergessen.

Es ist etwas Besonderes, wie ein Nomade durch die Länder zu ziehen. Man bekommt eine ganz neue Sicht auf die Dinge, die unser Leben bestimmen. Alles, das zuhause unseren Kopf beschäftigt, rückt in die Ferne, wird vollkommen unwichtig. Man versteht plötzlich, was es bedeutet, im Hier und Jetzt zu leben. Nicht über die Vergangenheit zu grübeln oder sich wegen der Zukunft Sorgen zu machen, alles loszulassen und einfach in den Tag hinein zu leben. Begreifen, welch wunderbares Geschenk das Leben ist und wie heilend dieses Alleinsein in der Natur ist.

Nach der Pause führte unser Weg bergauf durch bunte, herbstliche einsame Wälder.

Abends fanden wir im Ort Tence Unterkunft, ich in einer Gite, Gali gleich daneben auf einer Weide, die zu einem kleinen Reitstall gehörte. Dessen Besitzer, Christian, bot mir seine Hilfe an, falls ich in den nächsten Tagen Probleme hätte. Er würde mich sofort mit dem Pferdehänger holen, versicherte mir der nette Mann.

Wieder marschierten wir aufwärts, bis 1.300 m Seehöhe, anstrengend, aber der Ausblick hier oben trieb mir die Tränen in die Augen.

Vor einer Woche hatte ich diesen Berg, auf dem wir uns jetzt befanden, weit weg am Horizont gesehen und nun waren wir tatsächlich hier. Stolz und dankbar blickte ich nochmals zurück. In solchen Augenblicken hätte ich gerne jemanden bei mir gehabt, um diese Freude und das Glück teilen zu können.

Noch atemberaubender aber war die Aussicht in die Richtung, wo unser Weg uns hinführen würde.

Berge wie Zuckerhüte, soweit ich sehen konnte, Überbleibsel von vulkanischen Ausbrüchen vor Urzeiten. Die Erde hatte eine eigenartig lila Farbe und die Berge wurden von weiten Wäldern bedeckt.

Welch eine Kulisse, die Natur hier verzauberte mich, daher ließ ich mich eine Weile auf einer Bank nieder und betrachtete dankbar die Landschaft.

Zwei liebe Bekanntschaften meiner Reise, Angelika aus Vorarlberg und Gerard Bellamy aus Essertet, meiner ersten Unterkunft in Frankreich, riefen mich an, um sich nach unserem Wohlbefinden zu erkundigen. Welch Freude, dass sie noch an uns dachten!

Bis zu unserem Tagesziel hatten wir noch sehr bergiges Gelände vor uns, außerdem verirrte ich mich noch zweimal. Dadurch erreichten wir unser nächstes Quartier bei St.-Pierre-Eynac erst bei völliger Dunkelheit. Ich hatte unser Kommen aber telefonisch angekündigt, die Nummer der Pension an einem Schild an der Straße entdeckt.

Das Haus lag hoch oben und bot einen unbeschreiblich fantastischen Ausblick auf Le Puy, unserem nächsten Pilgerziel.

Die körperlichen Strapazen waren schnell vergessen. Vor einer Stunde noch hatte ich in der Dunkelheit umherirrend kurz mit den Tränen gekämpft. Ich hatte mich verloren und müde gefühlt, die Stille plötzlich als belastend empfunden.

Doch allein der Anblick der beleuchteten Statuen und Kirchen, die auf riesigen Felsen thronten und von denen man sich schwer vorstellen konnte, wie sie dort hingekommen waren, entschädigten mich reichlich.

Galipolis war bestimmt auch froh, endlich Sattel und Packtaschen loszusein und sich auf der matschigen Wiese, die diese Nacht ihm gehören sollte, mit Vergnügen wälzen zu können. Er sah aus wie paniert, aber ich wusste, wie wohl er sich damit fühlte.

Die Weide war mit Stacheldraht umzäunt, ein Albtraum für Pferdebesitzer, da dieser sehr schwere Verletzungen verursachen kann. Ich verbot mir sofort solche Gedanken, ich konnte es nicht ändern, anbinden wollte ich mein Pferd nicht und ein Stall stand nicht zur Verfügung. Eigentlich hatte ich meinem Pferd Hobbels, das sind Fußfesseln, kaufen wollen für unsere Reise, hatte dieses Vorhaben aber nicht in die Tat umgesetzt. Manches Mal hätte ich vielleicht ruhiger geschlafen, aber eigentlich traute ich diesen Dingern nicht, da ich keine Erfahrung damit hatte, genauso wenig wie mein Pferd.

Ich hoffte, Galipolis sei müde und hätte keine Lust nach diesem ermüdenden Tag noch auf Entdeckungsreise zu gehen. Die hauseigenen Pferde befanden sich weit genug entfernt, sodass mein Hengst sie nicht wittern konnte, wurde mir versichert.

Er blieb auch brav in seiner Umzäunung.

Es sollte mir noch häufig passieren, dass mir telefonisch garantiert wurde, ein Pferd könnte mitgebracht werden, die Unterbringung sei kein Problem und erwarten würden uns oft die unmöglichsten Plätze! Aber ich wurde bereits sehr gelassen und vertraute darauf, dass nichts Schlimmes passieren würde.

Wie heißt es so schön? Es geschehe dir nach deinem Glauben ...

Und ich glaubte fest daran, dass wir heil unser Ziel, Santiago de Compostela erreichen würden!

Das Essen war längst fertig gewesen, doch hatte man auf mich gewartet, da ich meine Ankunft angekündigt hatte.

Es ist Sitte in Frankreich, dass die Gäste einer Privatpension mit den Hausleuten speisen und daher fanden diese es selbstverständlich, trotz anderer Gäste, auf mich zu warten.

Es war halb zehn Uhr abends, als wir bei Tisch saßen. Außer mir war noch ein älteres Ehepaar aus Zürich hier, die diese schönen

Herbsttage für ausgiebige Wanderungen nutzten. Sie fungierten gerne als Dolmetscher zwischen mir und den Hausbesitzern.

Vergnügt und ausgeruht machten wir uns am nächsten Tag auf den Weg nach Le Puy. Die Sonne schien, es ging meist leicht bergab, was nach den anstrengenden letzten Etappen sehr angenehm war und so erreichten wir schon am frühen Nachmittag diese herrliche Stadt.

Über eine historische, lange und mächtige Brücke kamen wir erst mal in eine sehr verkehrsreiche Vorstadt, doch mit Galipolis war dies kein Problem. Nach einigen Kilometern auf den stark befahrenen Straßen führte uns unser Jakobsweg durch einen Park in die Altstadt. Ich war begeistert und überglücklich, hier zu sein. Gali war zwar nicht sehr motiviert, aber ich musste mich ungedingt hier umsehen. Die Pflastersteine, die typisch für solche alten Plätze sind, bereiteten ihm Schwierigkeiten beim Laufen, denn sie waren rutschig, außerdem lag die Stadt zwischen Bergen und die Straßen waren teilweise sehr steil.

Leider fand ich vor der Kathedrale keine Möglichkeit, mein Pferd zu „parken", daher konnte ich diese wunderschöne, mächtige Kirche nicht betreten. Ich wollte mir ein Quartier suchen und eventuell einen Tag hier Pause machen.

In einem Pilgerbüro ließ ich mir weiterhelfen, leider mussten wir beinahe drei Kilometer weit bergauf gehen, um zu einem Hotel zu gelangen, dessen Besitzer daneben eine sehr steile, verwilderte, um nicht zu sagen unmögliche Weide besaß. Seine zwei Pferde befanden sich momentan in einem entfernten Stall, sodass Galipolis hierbleiben durfte. Ich war entsetzt, hatte aber keine Alternative. Eine Stunde verbrachte ich damit, unzählige lange Strohschnüre aus dem Dreck beim Eingang der Weide zu ziehen oder mit Hilfe meines Messers heraus zu schneiden. Ich wollte nicht, dass sich mein Pferdekamerad darin verfing und verletzte. Diese starken Schnüre konnten sich tief in seine Fesseln schneiden, sie würden nicht reißen. Inzwischen hatte es zu regnen begonnen und als ich die Umzäunung, meist Stacheldraht, kontrolliert hatte, war es schon fast dunkel und ich war schmutzig und nass. Der Hotelier kam, um Galipolis Gerste zu bringen und wunderte sich, was ich so lange hier im Regen machte! Er schüttelte verständnislos den Kopf über mich.

Nicht jeder verstand, dass ich mich so um mein Pferd sorgte, aber nach 1.500 km gemeinsamen Marsch war Galipolis natürlich viel mehr für mich als „nur" ein Pferd!

Zuversichtlich, dass ihm nichts passieren würde und zitternd vor Kälte suchte ich mein sehr nobles und auch teures Hotelzimmer auf. Ich freute mich riesig, als ich die Badewanne entdeckte. Als Geschenk des Himmels empfand ich sie! Endlich wieder ein ausgiebiges Vollbad nehmen zu können, war einfach unbeschreiblich toll.

Danach wollte ich nochmals in die Altstadt, denn einen Ruhetag würde ich hier doch nicht machen. Erstens waren mir fünfundfünfzig Euro pro Nacht zu teuer und Galipolis wollte ich keine zweite Nacht auf dieser abenteuerlichen Koppel lassen.

Der Hotelinhaber brachte mich hinunter nach Le Puy und bestellte mir noch ein Taxi für die spätere Heimfahrt.

Nachdem ich in einem netten Pilgerlokal gegessen hatte, war ich aber plötzlich viel zu müde, um noch durch die Stadt zu bummeln. Zum ersten Mal bemerkte ich, dass es außer mir doch noch viele andere Pilger gab, allerdings erfuhr ich, dass die meisten erst hier in Le Puy ihre Pilgerreise Richtung Santiago begannen.

Ich kehrte zum Hotel zurück und blickte nochmals hinunter in die beleuchtete Stadt, der Ausblick war genial, traumhaft, einfach unbeschreiblich schön!

Der Hotelier hatte erwähnt, er möchte nirgends sonst auf der Welt leben, ich verstand das in diesem Augenblick.

Ich kann nur jedem ans Herz legen, diesen besonders schönen Ort zu besuchen, ich wäre gerne länger geblieben.

Als wir am nächsten Tag weiterzogen, wehte ein starker Wind und es war bitterkalt. Wir mussten wieder abwärts in die Stadt, um danach gleich wieder auf westlicher Seite einer Straße bergauf zu folgen. Nun pilgerten wir auf der Via Podiensis bis St.-Jean-Pie-de-Port.

Auf ungefähr 1.200 m Höhe führte unser Weg durch raues, steiniges Gebiet, entlang von Abhängen, die mich schwindelig machten. Ich vermied so gut wie möglich, hinunter zu schauen. Und dieser Wind, der ständig von vorne kam, er machte das Weiterkommen zu einem Kraftakt. An reiten war kaum zu denken, da mein Pferd mit mir obenauf ständig vom Wind abgetrieben wurde!

Die achtundzwanzig Kilometer bis St. Privat Allier wurden dadurch zur Tortur. Total erledigt kamen wir in der Pilgerherberge an.

Galipolis konnte ich nur auf einer unmöglichen, kleinen, nur von einer dicken Dornenhecke eingefriedeten Koppel, auf der absolut kein Grashalm wuchs, unterbringen. Als ich nach Futter fragte, sagte man mir, hier gäbe es nichts, keine Bauern, leider. Damit gab ich mich aber nicht zufrieden. Von den Äpfeln und Karotten, die ich im Laden hier gekauft hatte, wäre mein Pferd wohl kaum satt geworden!

Also begab ich mich auf „Spurensuche", darin war ich ja schon fast Experte. Ich ging Richtung Ortsausgang, und bald schon konnte ich Kuhdung auf der Straße finden. Diesem brauchte ich nur zu folgen und schon lag ein Bauernhof vor mir.

Man gab mir Heu und Gerste, wollte unter keinen Umständen Bezahlung annehmen, und so schleppte ich zwar keuchend aber glücklich und zufrieden das Futter zu meinem Kumpel. Dieser machte sich sogleich hungrig darüber her. Ich stellte ihm noch einen Eimer Wasser dazu und dann konnte ich endlich mein Quartier aufsuchen.

Zum ersten Mal schlief ich mit anderen Pilgern in einem Raum, ein kleines Zimmer mit vier Betten, ein älteres Ehepaar und ein Herr teilten das Zimmer mit mir.

Die Frau gab mir, gleich als ich das Zimmer betrat, Ohropax, da ihr Mann ein arger Schnarcher sei, erwähnte sie verschämt.

Ich kochte mir eine Kleinigkeit, traf sogar einen Deutschen, der in Le Puy aufgebrochen war und bis Santiago pilgern wollte. Er hatte als Priester zwölf Jahre in Mexiko gelebt und war nun nach Deutschland zurückbeordert worden. Er konnte sich nicht mehr einleben, zu groß war der Unterschied dieser Länder. Er hoffte, auf seinem Jakobsweg die Antwort auf seine Frage zu finden, ob er der Kirche gehorchen sollte oder ohne sie wieder zu seiner Gemeinde in das mexikanische Dorf zurück kehren sollte.

Nach einer schlaflosen Nacht, ein Schnupfen plagte mich wieder und trotz Ohropax war das Schnarchen eines meiner Zimmergenossen so laut, dass ich mich nur genervt im Bett herumwälzte. Wäre es nicht so kalt gewesen, hätte ich mich lieber zu meinem Pferd gelegt.

Der Wind blies am nächsten Tag noch immer heftig und kalt. Wir hatten auch schon den zwölften Oktober und außerdem waren wir auf 1.200 m Seehöhe. Schon nach einigen Kilometern sah ich den nächsten Ort, Monistrol: eine traumhafte Kulisse, wild und schön, tief unter uns auf 600 m Seehöhe gelegen.

Vor Monistrol schien die Erde entzwei gebrochen zu sein, fast senkrecht fiel das Gelände ab, die Erde zeigte hier seine ganze Kraft und Gewalt, wunderbar. Ich machte mich mit Gali an den Abstieg in dieses enge Tal, das kaum Platz bot für den Ort am Fluss Allier, der sich hier durch die Felsen zwängte.

Gleich nach dem Ort ging es wieder bergan, erst folgten wir der Straße, später führte der beschilderte, schmale Weg vorbei an einer schönen Felsenkapelle, die leider versperrt war. Durch stille Wälder erklommen wir endlich unsere Anhöhe auf über 1.000 m. Hier zeigte sich die Landschaft weit, nur leicht hügelig und sehr grün. Saftige Wiesen wechselten sich mit ausgedehnten Wäldern ab. Wir befanden uns nun auf der Hochebene der „Mageride".

Jetzt aber hatten wir eine Pause verdient. Ich fand ein Plätzchen, das windgeschützt hinter Felsen lag, um mich mal etwas auszuruhen. Galipolis konnte inzwischen gut zugedeckt grasen. Der Schlingel wollte mir aber ständig meine Jause stehlen! Er liebte es, mit mir zu speisen und wollte alles probieren.

Trotz des anstrengenden Geländes schafften wir es bis in das kleine Dorf Channalleis.

Sechsundreißig Kilometer hatten wir zurückgelegt und es war wieder fast dunkel, als wir einen Bauernhof erreichten, der Appartements vermietete. Galpolis wurde in einer Schafweide gleich hinter meinem Ferienhaus untergebracht, so konnte ich ihn von meinem Schlafzimmerfenster wenigstens in der Nacht hören, sollte er ausbrechen oder sich im Zaun verheddern. Ich hatte früher schon mal erlebt, dass ein Pony über einen Schafzaun springen wollte und sich im Drahtgeflecht verfing. Wäre ich damals nicht schnell mit einer Zange zur Stelle gewesen, wer weiß, was passiert wäre. Aber mein müdes Pilgerpferd hatte zum Glück nach einem anstrengenden Tag nur eins im Sinn: fressen und ausruhen! Und ich schob solche ängstliche Gedanken wie immer sofort beiseite, hatte Vertauen und Zuversicht, dass einfach nichts Schlimmes passieren würde.

Meine Französischkenntnisse wuchsen, ich war stolz auf mich. Ich hatte in einer Art Lagerhaus Gerste gekauft und konnte mich immer besser mit den Menschen verständigen. In diesen Dörfern fand sich selten jemand, der deutsch oder englisch sprach.

Ich hatte gestaunt, als ich in diesem landwirtschaftlichen Depot war. Eine Menschenschlange hatte sich davor gebildet, alle hatten Körbe voll schönster Steinpilze, um diese hier zu verkaufen. Die Kisten stapelten sich in einem großen Raum bis zur Decke!

In meiner Herberge hatte mir die nette Hausfrau inzwischen ein behagliches Feuer im Kamin gemacht und ich kuschelte mich davor in ein bequemes Sofa, eingehüllt in eine warme Decke. Ganz allein war ich in diesem Haus, es tat aber gut nach der letzten Nacht mit meinen schnarchenden Zimmerkollegen.

Unsere Reise führte weiter durch herrliche Wälder und ich ging auf Pilzsuche. Bald schon hatte ich eine Menge schöner Steinpilze und Rotkappen gefunden und freute mich schon auf mein leckeres Abendessen.

Wir befanden uns jetzt im wunderschönen Bergland namens Aubrac mit seinen herrlichen Wäldern und weitläufigen, steinigen Weiden.

In Aumont-Aubrac fand ich auch gleich das Pfarrhaus, hier konnte ich schlafen und auch die Küche benutzen. Cermi, der Schweizer, den ich in Faramans kennengelernt hatte, hatte mir den Tipp gegeben, hier zu nächtigen.

Galipolis stand auf einer großen Weide gleich unterhalb des Pfarrhauses. Ich musste wieder mal Tore schließen, herumliegenden Abfall beseitigen und hoffen, dass mein Pferd nicht auf Entdeckungsreise gehen würde, denn Strom war keiner im einfachen Weidezaun. Die Wiese war ziemlich abgegrast, aber zum Glück hatte ich noch Gerste vom Vortag.

Ich hatte Galipolis am Abend davor und in der Früh wohl etwas zuviel an trockener Gerste gefüttert. Dadurch hatte er morgens leichte Anzeichen einer Kolik gezeigt, aber nach einem halben Tag, ich hatte aufs Reiten verzichtet und ihn nur gemächlich geführt, erholte er sich wieder und bald schon wirkte mein Kumpel wieder frisch und wohlauf.

Auch zuviel gutes Futter kann schaden … Gerste muss man immer einige Zeit in Wasser einweichen, damit sie leichter verdaulich wird, das hatte ich am Morgen verabsäumt. In Channeilles hatte auch viel Klee auf seiner Weide gestanden.

Heute hätte ich mir gewünscht, dass noch andere Pilger Zuflucht im Pfarrhaus suchen würden, denn ich besaß so viele leckere Pilze! Aber niemand leistete mir Gesellschaft, das tat mir richtig leid. Unmöglich konnte ich meine in Butter gedünsteten Pilze alle alleine verzehren. Ich würde sie als Proviant für den nächsten Tag einpacken.
Ich schlief auf einer Matratze auf dem Boden vor einem Heizkörper und fühlte mich gut.

Galipolis durfte gleich morgens nach unserem Aufbruch auf der erstbesten Wiese ausgiebigst grasen. Zuvor hatte ich auf dem Wochenmarkt im Ort ein warmes Gilet erstanden, denn es war jetzt durchgehend richtig kalt geworden. Obwohl es nur ein einfaches Kleidungsstück war und nur zehn Euro gekostet hatte, freute ich mich riesig über meinen Kauf.
Man wird bescheiden, wenn man so einfach lebt wie ich auf meiner Reise und ein wärmendes neues Kleidungsstück erweist sich plötzlich als wertvoll und kostbar.

Die Waldgebiete hatten wir hinter uns gelassen, nun erstreckten sich bis zum Horizont endlose Weiden mit cremefarbenen Rindern, die sich kaum von dem steinigen, ausgetrockneten Untergrund abhoben. Hügelig und einsam war es hier, wir kamen zwar alle fünf bis zehn Kilometer durch kleine Dörfer, aber auch die wirkten menschenleer, verlassen und still.
Mir gefiel es hier unglaublich gut, nur die anfangs noch sandigen Wege wurden immer steiniger und erschwerten meinem Pferd das Weiterkommen.

Der nächste größere Ort hieß Nasbinals, gelegen auf 1.400 m, hier fand ich wieder einen Reiterhof, ein Schild an der Straße hatte mich darauf aufmerksam gemacht. Galipolis war allerdings ziemlich nervös in seiner kleinen Box und wieherte ständig. Er hatte sich an die Freiheit nachts gewöhnt und die Enge eines Stalles behagte ihm nicht. Aber es könnten auch die Stuten im Stall gewesen sein, die ihn so aufregten ...

Und es gab wieder Futter in Hülle und Fülle und ich erstand auch bei einem Tierarzt Vitamine und Mineralstoffe für die nächsten Wochen.

Mein Pferd war in sehr guter Verfassung, gut bemuskelt und er besaß noch genügend Reserven. Doch ich wusste, wir hatten noch eine weite Strecke vor uns und ich wollte auf keinen Fall, dass er in schlechtem Zustand in Santiago ankommen würde!

Der letzte Tag in dieser Höhe des französischen Hochmassivs forderte viel Kraft und Ausdauer von uns.

Nebel, Sturm, Regen, der zu Schneeschauer wurde und fast waagrecht auf uns zu kam, begleitete uns über die endlosen Weiden. Nur mühsam konnte ich die Markierungen erkennen. Eine kleine Hütte in der Einsamkeit der baumlosen Gegend bot mir für einige Minuten Schutz vor dem Wetter. Aber da mein Pferd draußen im Regen stehen bleiben musste, zog ich lieber schnell weiter.

In Aubrac wäre ich zu gerne in ein Lokal gegangen, um einen heißen Tee zu trinken, aber ich fand keine Möglichkeit, Galipolis unter einem Dach trocken und windgeschützt anzubinden. Also ritt ich lieber weiter, aus Sorge, er könnte sich verkühlen. Ich war es ja schon, mich plagte wieder mal (oder noch immer?) ein schlimmer Schnupfen und quälender Husten.

Nach Aubrac führte unser Weg durch Buchen- und Eichenwälder stetig bergab bis Chely d'Aubrac. Je tiefer wir kamen, desto besser wurde zum Glück auch das Wetter.

Bald schon sah ich diese Schlechtwetterfront als dicke Nebeldecke über uns, welche Erleichterung!

In den Wäldern fanden wir nun wieder eine Menge Esskastanien. Ich sammelte sie, um sie später in einer Herberge zu kochen. Galipolis fraß diese Früchte des Waldes mit Begeisterung gleich roh. Angeblich können sie schwere Koliken auslösen, mein Pferd vertrug sie aber hervorragend und nützte sie und auch Eicheln instinktiv als Energielieferanten.

Galipolis wusste ganz genau, was ihm gut tat, ich beobachtete ihn bei seinem Fressverhalten. An Steinen lecken, Erde fressen, Rinde knabbern, ich ließ ihn gewähren und wusste, er suchte sich nur das, was er brauchte.

Ich entschied mich, weiter bis nach St. Como d'Olt zu ziehen, obwohl es dunkel werden würde. Hier, in Chely d'Aubrac schien es keine Möglichkeit zu geben, mit einem Pferd zu nächtigen und ich wollte auch unbedingt noch weiter ins Tal. Es war zwar traumhaft schön gewesen, der Aubrac, aber bei Sonnenschein und wärmeren Temperaturen hätten wir es bestimmt mehr genossen.

Die Wegstrecke von Nasbinals bis nach St. Como d'Olt bedeutete noch über 1.000 m Höhenunterschied.

Meine Beine schmerzten vom ständigen Bergabgehen, trotzdem forderte ich von Galipolis Tempo, erlaubte ihm keine Fresspause. Es wurde sehr spät an diesem Tag. An Reiten war heute nicht viel zu denken gewesen, zu anstrengend für mein Pferd, ich wollte seinen Rücken und Beine schonen.

Die Wege erwiesen sich teilweise als sehr steinig, schmal oder auch vom Regen ausgewaschen.

Das Schöne aber war, dass ich plötzlich das Gefühl hatte, in einem anderen Land zu sein. Der Klimaunterschied war enorm. Hier blies ein warmes Lüftchen, die Blumen blühten, es war wie im Traum – eben noch hatten wir uns durch Regen, Kälte und Sturm gekämpft und nun hatte ich das Gefühl, in subtropischem Gebiet zu sein!

Es war sehr spät, ich war total erschöpft und so war ich glücklich und erleichtert, eine Pension zu finden. Sie war nicht gerade preiswert, aber heute war mir alles willkommen.

Galipolis musste ich allerdings im Garten anbinden, das dämpfte meine Freude. Aber zumindest gab es dort viel Gras. Nach dem Abendessen, das ich mir zubereitete, unternahm ich noch eine kleine Erkundungstour durch diese unbeschreiblich schöne, alte Stadt und fühlte mich wieder mal wie ein Pilger vor tausend Jahren. Bei meiner Wanderung fand ich am Ortsausgang einen Bauerhof und bat gleich um einen Sack Heu. Diesen schleppte ich zu meiner Pension und ärgerte mich über mich, dass ich Gali nicht auf diesem Hof untergebracht hatte.

Aber mir war lieber, ich konnte ihn nahe bei mir haben und es schien eine trockene Nacht zu werden. Aber ich sollte mich sehr täuschen!

In der Nacht tobte ein heftiges Gewitter und ich machte mir Vorwürfe. Ich lag im warmen Bett, mein Freund stand im Regen!

Von meinem Fenster aus konnte ich ihn bei jedem Blitz sehen, zum schlafen kam ich nicht viel in dieser Nacht.
Galipolis kaute ruhig an seinem nassen Heu, im Trockenen hätte er sich aber sicher wohler gefühlt nach dem gestrigen anstrengenden Tag.

Galipolis war mein Reisepartner. Oft hatte ich niemanden zum Reden, vor allem hier in Frankreich mit meinen bescheidenen Französischkenntnissen war das mühevoll. Also sprach ich mit meinem Pferd, sang ihm was vor, wenn mir danach war, entschuldigte mich, wenn es wieder mal besonders anstrengend wurde und er gab mir das Gefühl, verstanden zu werden.
Es verband mich viel mit meinem Partner und wir waren aufeinander angewiesen.

Leider dauerte der Regen an, aber zum Glück waren nun die Temperaturen annehmbar. Bis nach Espalion – wieder ein wunderschöner Ort – wanderten wir der Straße entlang. Das war zwar eintönig und ermüdend, aber wegen dem starken Regen hatte ich keine Lust, auf matschigen, anstrengenden Fußwegen zu reiten.

Nun begann der mühevolle Anstieg nach Golinhac, immer weiter bergauf, es schien kein Ende zu nehmen! Die Regenwolken hatten sich verzogen, wir kamen nun beide wieder ins kräftig ins Schwitzen. Bei Einbruch der Dunkelheit erreichten wir Golinhac. Ich fand eine hübsche Gite mit Pferdeställen, nur hatte sie um diese Jahreszeit leider schon geschlossen. Galipolis durfte trotzdem bleiben. Obwohl es auch einige Pferdeboxen gab, ließ ich ihn auf der Weide. Die Nacht war sternenklar, Regen nicht zu erwarten. Die Umzäunung schien solide, Gras und Heu vorhanden, ich musste also nicht auch noch auf Futtersuche gehen. Ich blieb einige hundert Meter entfernt in der Herberge am Campingplatz. Diese war schmutzig, aber im Kamin war eingeheizt und in der Küche konnte ich mir ein bescheidenes Abendessen kochen. Ein paar Vorräte hatte ich meist dabei, Fertigsuppen, Reis, Tee und natürlich Esskastanien. Wenn ich abends müde und hungrig war, waren dies wahre Köstlichkeiten.
Ich war alleine hier, nicht mal der Besitzer oder ein Angestellter machten sich die Mühe, nachzusehen, wer hier übernachtete. Ich hatte telefonisch meine Ankunft angekündigt.

Hier wäre ein längerer Aufenthalt sicher schön gewesen, aber nur, wenn ich in der Herberge direkt beim Stall schlafen hätte dürften. Diese war nämlich sehr nett, ich hatte am Vorabend eine offene Tür gefunden, aber nicht den Mut gehabt, ohne Erlaubnis hier auch zu schlafen.

Golinhac lag wunderschön auf knapp siebenhundert Meter Höhe, der Ausblick in die Täler ringsum war wunderbar.

So schön es hier auch war, der folgende Tag forderte wieder extrem viel von uns.

Ich hatte in der Früh nur einen Kaffee in einer Bar getrunken, mein letztes Joghurt verzehrt und mich schon früh auf den Weg gemacht. Dieser führte heute nur durch kleine Dörfer und über viele Steigungen, kaum freute ich mich, wieder einen Berg überwunden zu haben, führte die Markierung schon wieder bergauf ...

Es war anstrengend, dazu kam noch, dass ich weder ein Lokal noch einen Laden fand und dadurch außer ein paar Äpfeln nichts zum Essen hatte. Hunger und Müdigkeit quälten mich und leider mussten wir auch viel auf Asphalt laufen.

Unser heutiges Ziel hieß Conques. Nach einem anstrengenden letzen Abstieg durch einen steinigen Waldweg lag das bis dahin gut verborgene Städtchen vor uns.

Ich war überwältigt!

Einer von Frankreichs schönsten Plätzen war dies hier, fantastisch, dass es vor Zerstörung und Erneuerungen weitgehend verschont geblieben ist. Ich fühlte mich wieder wie ins Mittelalter gebeamt an diesem historischen Platz. Gleich fand ich das Pilgerbüro und mir wurde versichert, in der Klosterherberge könne auch mein Pferd über Nacht bleiben.

Ich wurde sogar abgeholt von zwei Angestellten und diese zeigten mir die „Koppel", auf der Galipolis bleiben sollte ...

Ich war sprachlos, enttäuscht, entsetzt. Wie sollte ein Pferd hier bleiben können? Schon der Eingang war kaum zu passieren, über steinige Stufen führte ich mein Pferd abwärts.

Normalerweise stehen hier Schafe und manchmal auch ein Esel, erklärten mir die Angestellten entschuldigend.

Nun ja, Schafe konnte ich mir hier gerade noch vorstellen. Die Weide war in Terrassen unterteilt, mit Steinen und Gestrüpp übersät, so unzugänglich, dass Galipolis sich auf eine kleine Anhöhe „rettete" und dort verharrte. Man sah ihm an, hier wollte er keinen Schritt tun.

Das Schlimmste aber war, dass die Koppel nur ungefähr fünfzig Meter breit war und danach, gesichert nur durch ein dünnes Weideband und dornigen Büschen, fast senkrecht zweihundert Meter tief in eine Schlucht abfiel!

Conques liegt an einem Hang direkt oberhalb dieser Schlucht, unten schlängelt sich ein Fluss durch die Berge. Vor Jahrhunderten war dieses Städtchen sicher wunderbar geschützt, kaum von Feinden zu sehen oder einzunehmen, ein strategisch guter Platz.

Aber jetzt, in meiner Situation, kam mir das Grausen!

Leider gäbe es keine andere Möglichkeit hier im Ort für ein Pferd wurde mir mit mitleidigem Blick mitgeteilt.

Der nächste Ort war zwölf Kilometer entfernt, der Weg dorthin führte wieder steil bergauf und daher wäre das heute nicht mehr zu schaffen gewesen. Wir waren doch beide müde und außerdem wollte ich wirklich gerne hier in diesem schönen Ort bleiben.

Ich ließ mich also nicht so schnell entmutigen und entschloss mich, erst mal die Herberge zu beziehen. Anschließend würde ich mich gleich um eine bessere Bleibe für Galipolis umsehen. Mir war auch gleich, als ich den Ort betreten hatte, ein großes Gästehaus mit einem eingezäunten Garten, auf dem das Gras sehr hoch gestanden hatte, aufgefallen ... Dort würde ich Galipolis hinbringen! Ich war fest entschlossen.

Leider sei der Verantwortliche nicht da, er würde erst um acht Uhr abends kommen, erklärte mir eine Angestellte des Gästehauses. Also ging ich zuerst zum Abendessen, das so liebevoll von den Patern des Klosters für die Pilger ausgegeben wurde. Hier befanden sich ungefähr fünfundzwanzig Pilger und es war schön, wieder unter Gleichgesinnten zu speisen, obwohl eine Unterhaltung sich schwierig gestaltete. Es waren nur Franzosen hier, Conques war ein berühmter Pilgerort in Frankreich.

Ich sah ständig auf die Uhr, das hervorragend zubereitete Essen schmeckte mir gar nicht. Ich machte mir Sorgen um Gali, der im Dunkeln auf diesem schrecklichen Hang stand und dort auch kaum Gras zum Fressen fand.

Aus der Küche holte ich für ihn hartes Brot und machte mich auf den Weg zu dem Haus mit dem großen Garten. Endlich war der Zuständige da und ich flehte ihn förmlich an, irgendwie ging das ganz gut auf Französisch.

Er hatte gar keine Wahl, denke ich. Jedenfalls begriff der Mann mein Problem und für einen Betrag von drei Euro – ich hätte ein Vielfaches bezahlt, nur um Gali von seinem jetzigen Ort wegzubringen – durfte ich mein Pferd holen.

Ich hatte Mühe, ihn in der Finsternis zwischen den vielen Sträuchern und Dornen wiederzufinden. Er hatte sich noch keinen Schritt von seinem Platz fortbewegt, obwohl er doch bestimmt schon Hunger haben musste. Nicht mal das Wasser hatte er angerührt, das ich ihm in einem Eimer hingestellt hatte.

Vorsichtig folgte er mir über die vielen Stufen und Steine zum Ausgang. Ich hatte Mühe, nicht zu stolpern.

Welch ein Unterschied bot ihm der Garten! Mitten in diesem steilen Gelände befand sich ein ebenes Plätzchen mit saftigem, hohem Gras, noch dazu sicher eingezäunt. Für mich war dies wieder ein Geschenk des Himmels, ein richtiges Wunder!

Nun wusste ich meinen Freund gut versorgt und kehrte in das Kloster zurück. Meine Mitpilger hatten mir sogar den Nachtisch aufbewahrt und freuten sich sichtlich mit mir, als ich erklärte, dass es meinem Freund jetzt gut ging.

Anschließend wurden wir zum Pilgersegen in die Kirche gebeten. Es war so berührend, ich durfte aus der Bibel einen Text in Deutsch vorlesen, obwohl es doch außer mir niemand verstand und das Orgelspiel und der Gesang bewirkten, dass ich nicht mehr aufhören konnte, zu weinen!

Ich war tatsächlich bis hierher gekommen, ich weinte aus Dankbarkeit und empfand große Liebe zu allen Menschen, denen ich begegnet war und die mir weiter geholfen hatten. Die wundersamen Zufälle und Begebenheiten, die uns ständig weiterbrachten, das alles erweckte mir ein Gefühl des Glaubens, Vertrauens und unendliche Dankbarkeit.

Dieses Kloster, diese Kirche hatte für mich eine ganz besondere Aura, ich würde diese Momente nicht so schnell vergessen, das wusste ich.

Nach Conques wählte ich die Straße, da der markierte, schmale Pfad sehr steil, steinig und daher zu anstrengend für ein Pferd war. Dies hatte mir Cermi, der Schweizer geraten und ich war froh, seinem Rat gefolgt zu sein, denn die Fußpilger, die gleichzeitig mit mir das Kloster verlassen hatten, erreichte die Anhöhe mit der hübsche Kirche „la Roche" nicht früher als ich, obwohl ich mit meinem Pferd die Straße benutzt hatten. Diese führte in Serpentinen viele Kilometer bergan und ich hatte noch lange einen wunderschönen Blick zurück nach Conques.

Der Wind pfiff hier oben auf der Anhöhe bitterkalt. Ich zog es wieder meist vor, zu Fuß zu gehen. Erstens wurde mir so warm und zweitens fiel es meinem Pferd bei starkem Wind leichter zu laufen ohne mich auf seinem Rücken.

Ich erholte mich eine Weile in der hübschen Kirche von der Kälte. Hier traf ich auch die drei jungen französischen Pilger wieder, mit denen ich den Schlafsaal geteilt hatte. Sie nützten den trockenen Ort für ihre Jause, wozu ich gleich eingeladen wurde. Ich hatte sowieso wieder mal vergessen, mir etwas Proviant zu besorgen!

Unter Pilger ist es ganz selbstverständlich, zu teilen und so ließ ich es mir schmecken. Galipolis graste einstweilen vor der Kirche. Lange machte ich allerdings nicht Rast, denn ich wollte nicht, dass sich mein Pferd erkältete. Obwohl ich ihn natürlich wie immer, wenn das Wetter schlecht war, seine Wolldecke übergeworfen hatte.

Einige Stunden später entdeckte ich am Weg ein Schild, das eine Herberge und Pferdepension ankündigte. Es lag zwar etwas abseits von meiner Strecke, aber das Wetter war inzwischen so miserabel geworden, daß ich nicht mehr allzu weit gehen wollte. Wegweiser führten uns zur „Gite etape La Buscalier". Im strömenden Regen trafen wir dort ein und wurden sehr lieb von einem älteren Ehepaar aufgenommen.

Galipolis wurde in einem Offenstall mit angrenzender Weide untergebracht. Wegen des Regens sperrte ich ihn ein. Ich musste lächeln am Morgen … hatte er es tatsächlich nachts geschafft, die Tür zu öffnen und stand nun zufrieden auf der Wiese.

Meine Gastgeber sprachen zwar nur Französisch aber trotzdem verstanden wir uns gut. Ich fühlte mich bei ihnen wohl, wiederum herzliche Menschen, sehr besorgt um unser Wohlergehen. Vor fünf Jahren hatte auch eine andere Reitergruppe aus Österreich hier Halt gemacht. Ich fand zufällig einen Eintrag im Gästebuch, als ich das Buch aufschlug.

Galipolis befand sich in guter Verfassung, er strotzte vor Gesundheit und war gut bemuskelt. Mir ging es leider wegen meines Schnupfens, der mich schon wochenlang begleitete und mir manch unruhige Nacht bescherte, nicht so gut. Ich bekam oft Atemnot und benötigte häufig meinen Asthmaspray.

Ich brauchte dringend wieder länger anhaltendes, wärmeres Wetter. Doch wir hatten bereits den achtzehnten Oktober, ich musste mich wohl oder übel damit abfinden!

Da ich leider die Wegbeschreibung meiner Gastgeberin nicht gut verstanden hatte, liefen wir am nächsten Tag kilometerweit auf Straßen am Stadtrand von Descanzville. Der Regen hatte zum Glück nachgelassen, nur noch ab und zu erwischte uns ein vorüberziehender Schauer.

Sehr hügelig ging es weiter. Vor Figeac wählte ich spontan einige Male vermeintliche Abkürzungen, was uns aber später leider einen längeren Umweg bescherte.

Denn dadurch übersah ich ein Schild, das uns eine tatsächliche Abkürzung zu unserer nächsten Station bringen sollte. Telefonisch hatte ich uns schon in „La Caserole" angekündigt. Laut meines Fremdenführers, dem Buch „Mam-Mam, Do-Do" fand ich immer wieder Herbergen, in denen Pferde aufgenommen wurden. Auch wenn ich kaum Ställe oder Futter fand, zumindest wurden wir nicht abgewiesen.

Nun ja, durch meine Abkürzungen kamen wir hinunter nach Figeac, einem hübschen Städtchen und so nutzte ich die Gelegenheit um Proviant einzukaufen. Die Freude über meine erstandene Schokolade verhinderte den Ärger als unser Jakobsweg anschließend steil bergauf durch einen Wald führte.

Es war wieder spät geworden, ein herrlicher Sonnenuntergang war die Belohnung für den langen Tag. Der Himmel – blutrot und wunderschön. Das Naturschauspiel hielt nur kurz und plötzlich war schwarze Nacht.

Wir hatten noch einige Kilometer auf einer schmalen LandStraße vor uns und ich schwor mir wieder mal, bei nächster Gelegenheit eine Beleuchtung zu kaufen. Ich hatte nur ein rückstrahlendes Band, das ich Galipolis um die Schweifrübe gebunden hatte. Neben der Straße befand sich eine Steinmauer, gefährlich für uns, wenn ein Auto nahte. Ich schwenkte ständig meine Taschenlampe, um nicht übersehen zu werden und legte die letzte Strecke bis zur Herberge im Trab zurück. Ich wollte nur weg von der Straße. Insgeheim verurteilte ich mich selber wegen meiner Fahrlässigkeit. Endlich waren wir am Ziel. Sechs Kilometer hätten wir uns erspart, der Abstieg nach Figeac und der anstrengende Wiederaufstieg wären unnötig gewesen, erklärte mir der Herbergsbetreiber. Aber ich ärgerte mich über solche Vorkommnisse kaum noch, nur meinem Pferd hatte ich unnötigerweise sehr viel zugemutet. Das tat mir leid, denn es lag noch ein weiter Weg vor uns.

Galipolis kam wieder auf eine Weide und sogar Gerste stand zur Verfügung. Es standen auch einige Nussbäume auf dem Areal. Für Walnüsse ließ er sogar die Gerste links liegen.
Ich hatte schon Sorge, dass ihm die Nussschalen schaden könnten, die er einfach mitfraß, aber es gab nie Probleme deswegen.
Ich duschte und wollte mir anschließend eine Kleinigkeit kochen. Doch ich wurde kurzerhand von einer Gruppe von Pensionisten eingeladen, mit ihnen zu speisen. Sie waren in einem anderen Trakt untergebracht, ich hatte sie daher vorher nicht bemerkt.
Ich freute mich sehr, hatte ich doch tagsüber niemanden getroffen und so genoss ich die fröhliche Gesellschaft. Wir seien uns schon in Conques begegnet, erzählten sie. Auch wenn ich mich nicht daran erinnern konnte, wurde ich gleich mit einem Schnaps begrüßt und mit einem Plaudergemisch aus Französisch, Englisch und Deutsch wurde ich in ihre nette Unterhaltung miteinbezogen.

Am nächsten Tag war unsere Reise nach ungefähr zehn Kilometern beendet. Galipolis hatte ein Hufeisen verloren und ich suchte die nächstgelegene Möglichkeit, um eine Pause einzulegen und einen Hufschmied zu organisieren. Immerhin waren die Eisen vierzig Tage (!) lang drangeblieben, 1.400 km weit!
Der Hufschmied in Rankweil in Vorarlberg hatte beste Arbeit geleistet.
Ein Schild am Weg brachte uns alsbald zu einem Campingplatz.
Leider sprach der Inhaber des um diese Jahreszeit fast völlig verlassenen Platzes nur Französisch, doch mit meiner hartnäckigen Hilfe fanden wir im Telefonbuch nach geraumer Weile einen Schmied, der sich bereit erklärte, noch am selben Abend zu kommen.

Wir hatten wieder Glück, früher waren hier mal Pferde gewesen und ab und zu kamen Wanderreiter vorbei. Deshalb hatte Jean-Paul, der Besitzer, sogar Heu und Pferdemüsli. Beides roch gut und Galipolis fand es lecker.

Ich zog in ein Chalet, Galipolis in die Koppel gleich daneben.

Bis zum Eintreffen des Schmiedes wollte ich mich ausruhen und bald schlief ich wie ein Murmeltier.

Nur leider kam kein Hufschmied und er war auch telefonisch nicht mehr erreichbar.

Hier in dieser Gegend sei es schwer, einen Hufschmied zu finden, angeblich gab es in ganz Frankreich viel zu wenige, die diesen anstrengenden Beruf ausübten, erklärte mir Jean-Paul. Zumindest verstand ich es so in etwa.

Abends war ich seelisch am Boden, mein Asthma quälte mich, ich hatte mein Bargeld aufgebraucht, meine Tage bekommen und keine Tampons mehr, der Schmied hatte mich versetzt und außerdem saßen wir hier in dieser Einöde fest ...

Galipolis lief unruhig auf seiner Weide herum, keine Ahnung, was ihn hier störte, wo es doch ein richtig schönes Plätzchen war, das wir zufällig gefunden hatten.

Auf seiner großen Koppel lagen eine Menge Steine.

Gali begann zu lahmen, sein Huf ohne Eisen fühlte sich warm an, er brauchte dringend neue „Schuhe".

Ich kochte mir viel Tee und fühlte mich richtig elend. Mir war nur noch zum Weinen! Und das tat ich auch, ich ließ meinen Tränen einfach freien Lauf.

Aber ich wusste, dass diese Probleme nicht so schlimm waren. Durch die anstrengenden letzten Tage und meiner ständigen Atemnot war ich einfach schlapp. Ich war gezwungen, hier Halt zu machen und konnte nicht wie vorgehabt weiter ziehen.

Genug Auslöser um deprimiert zu sein. Ich heulte voller Selbstmitleid und als alle Tränen geweint waren, ging es mir am nächsten Morgen gleich wieder viel besser.

Jean-Paul war überaus bemüht. Als ich ihm meine Probleme anvertraute, fuhr er mich nach Figeac, das vierzehn Kilometer entfernt lag. Ich konnte Geld abheben, da es in Beduer, dem Dorf in der Nähe des Campingplatzes, keine Bank gab.

Nach einigen Stunden holte mich der immer etwas nervöse, aber sehr nette Mann wieder ab, denn ich sollte doch Gelegenheit haben, diese wunderschöne Stadt zu besichtigen, meinte er. Ich nützte die Zeit für alle nötigen Einkäufe.

War mir am Vortag noch so elend zumute gewesen, hatte sich heute wieder alles zum Guten gewendet, denn kaum war ich von meinem Stadtbummel zurück, kam auch schon ein Hufschmied! Zwar nicht der, den Jean-Paul angerufen hatte, aber ich war froh, dass irgendeiner da war. Der Brave hatte sechzig Kilometer Anfahrtsweg gehabt …

Bevor ich von Zuhause abgeritten war, gab mir eine Bekannte kleine „Sorgenpüppchen" mit. Das sind winzige handgemachte Püppchen aus Stoff, die in einem kleinen Beutel aufbewahrt werden und aus Guatemala kommen.

Hat man Sorgen, soll man vor dem Einschlafen für jedes Problem ein Püppchen unter den Kopfpolster legen und um die Erledigung seiner Sorgen bitten. Das hatte ich am Vortag getan, obwohl ich doch eigentlich nicht abergläubisch war.

Aber ich hatte mich so hilflos gefühlt und an dieses kleine Geschenk gedacht und siehe da, an diesem Morgen lösten sich meine gestern noch so groß erscheinenden Sorgen in Luft auf!

Durch die erzwungene Ruhepause waren sowohl Galipolis als auch ich ausgeruht, als wir am folgenden Morgen früh aufbrachen.

Jean-Paul wirkte traurig, als ich mich von ihm verabschiedete. Ich umarmte ihn fest und bedankte mich für seine Bemühungen.

Leise Bedenken begleiteten mich heute. Ob mein Pferd mit den neuen ungewohnten Eisenbeschlag gut zurechtkommen würde? Hier in Frankreich benutzte man nur flache Eisen, ohne Stifte oder Stollen. Diese mögen ja besser für den Hufmechanismus sein, aber ich befürchtete, mein Gali könnte nun auf den vielen Steinen oder auf nassem, rutschigem Untergrund keinen sicheren Halt finden. Anfangs bewegte sich mein Pferd auch etwas unsicher.

Unser Weg führte über sehr steinige Wege durch herrliche, uralte Eichenwälder eines Naturschutzgebietes. Es war wunderschön und einsam. Ab und zu trafen wir auf Jäger, ansonsten genoss ich die Stille der Gegend. Die anstrengenden Berge der letzten Tage lagen hinter uns, nun war es nur noch hügelig und wir kamen zügig voran.

Limogne-Quercy war unsere nächste Station, fünfunddreißig Kilometer bewältigten wir an diesem Tag.

In der Gemeindeherberge traf ich zwei Mädels, Natalie und Georgia, aus Conques wieder. Mit ihnen und einem älteren Ehepaar, das ein Jahr lang zu Fuß durch Frankreich reiste, verbrachte ich den Abend.

Galipolis war wiederum auf einer großen Weide untergebracht, deren Umzäunung ich zwar erst reparieren musste, aber saftiges Gras und einigen Walnussbäume versprachen einen guten Speiseplan für mein Pferd. Andere Pferde waren nicht in der Nähe und solange genug zum Fressen vorhanden war, gab es keinen Grund für Gali um auszubüchsen. Ich sah aber trotzdem des Öfteren nach ...

Auch am nächsten Tag genoss ich die Schönheit der mystischen Eichenwälder mit ihren uralten Bäumen und Buchssträuchern. Sie strahlten eine beruhigende Energie aus eine berührten mein Herz.

Unser nächstes Quartier war eine kleine Privatherberge, ein hübsches Landhaus mit einigen schönen Pferden im Stall. Galipolis durfte auch diese trockene Nacht auf einer Weide bleiben, gesichert mit elektrischem Weideband und in der Nähe einer kleinen Stutenherde.

Er freute sich sichtlich, endlich wieder Artgenossen zu sehen und stolzierte wie ein Pfau im Stechschritt durch seine Koppel.

Der Sonnenuntergang an diesem Abend war unbeschreiblich schön, ich machte einige wirklich gute Fotos von der Silhouette meines Pferdes vor dem leuchtend rot-orangen Himmel.

Georgia und Natalie waren auch hier, wir machten Feuer im Kamin, tranken Rotwein und freuten uns gemeinsam über unsere schöne Unterkunft.

Endlich lagen die steinigen, sehr ermüdenden Wege hinter uns, es wurde sandiger, viel angenehmer zum Laufen.

Es tat uns beiden gut, wieder mehr zu traben, auch Galoppieren machte meinem, in letzter Zeit etwas faulen, Pferd nun wieder richtig Spaß.

Wir kamen nach Cahors. Auf einer Anhöhe davor hatte ich einen hervorragenden Blick auf die Stadt, durch die sich der Fluss Lot in großen Schlingen windet.

In der Stadt sorgten wir wieder mal für Aufsehen, wahrscheinlich sah man uns nun auch langsam an, dass wir einen weiten Weg hinter uns hatten ...

Die Altstadt war wirklich sehenswert! In meinen Augen trotzdem kein Vergleich mit dem bei mir großen Eindruck hinterlassendem Conques.

Wir machten uns wieder auf den Weg und schafften es bis Lascabanes.

In der öffentlichen Herberge hatte ich heute eine Menge Gesellschaft. Ungefähr fünfzehn Pilger teilten sich einige kleinere Zimmer und für einen relativ geringen Betrag bekamen wir ein einfaches Abendessen und Frühstück.

Die Unterhaltung war anregend und lustig. Es bestand aus einem Gemisch aller möglichen Sprachen, man verstand zwar nicht immer exakt jedes Wort, aber das war gar nicht so wichtig!

Galipolis war in einem Teil des Gartens untergebracht und schien sich hier wohl zu fühlen. Ich hatte von meinem Zimmerfenster im ersten Stock gute Sicht auf meinen Freund und konnte ihn auch nachts hören. Das beruhigende Geräusch meines grasenden, sich langsam fortbewegenden Pferdes begleitete mich bis zum Einschlafen.

Das Wetter war endlich wieder freundlich. Die Sonne strahlte vom Himmel und wärmte sogar angenehm.

Ich konnte mich in unseren ausgedehnten Mittagspausen ins Gras legen, während Galipolis Zeit hatte, in Ruhe zu fressen.

Immer wieder traf ich nun auf andere Pilger. An diesem Tag lief mir Christof aus Frankreich über den Weg, ein stiller Mann, den ich in Conques kennen gelernt hatte.

Der nächste schöne Ort, den wir erreichten, war Lauzerte.

Es war fast heiß heute und da ich nochmals eine Rast in einem Gastgarten mit Christof einlegte, wurde es bis zu unserer Ankunft in der nächsten Gite sehr spät. Christof blieb in Lauzerte, hatte seine Herberge bereits gefunden, aber für ein Pferd war hier mitten in der Kleinstadt kein Platz.

Also wollte ich noch fünfzehn Kilometer weiter reiten. Die Zeit war wieder wie im Fluge vergangen und ich erschrak beim Blick auf die Uhr – schon siebzehn Uhr. Das wäre nicht so schlimm gewesen, nur verirrte ich mich einige Male ...

Es fing schon beim Verlassen der Stadt an. Wir mussten die Markierungen verlassen, da ein Stück des Weges über Treppen führte und schon war ich planlos.

Lauzerte liegt wunderschön auf einem Hügel, aber ich hatte keine Ahnung, in welche Richtung ich weiter musste. Ich benötigte tatsächlich den Kompass, um die kleine Stadt zu verlassen.

War ich froh, als ich die Markierungen unseres Pilgerweges wieder gefunden hatte. Allzu schnelles Tempo konnte ich Galipolis nicht abverlangen, da wieder anstrengendes, steiniges Gelände, ein ständiges Bergauf und -ab vor uns lag.

Müde kamen wir nach Durfort-Lacopalette und hier folgte ich unnötig den Markierungen, die zwar durch ein schönes Gebiet führte, aber auf der Straße wäre es nur halb so weit gewesen. Aber das konnte ich erst hinterher auf meiner Karte sehen. Inzwischen war es nämlich so dunkel geworden, dass ich nur mit der Taschenlampe weiterfand. Ich wusste nur, St. Martin war noch ungefähr zwei Kilometer entfernt. In der Ferne sah ich eine beleuchtete Kirche und nahm an, dies wäre der richtige Ort. Mein Gefühl und der Kompass sagten mir zwar, das ist die falsche Richtung, aber trotzdem ritt ich darauf zu, ich sollte in Richtung einer Kirche gehen. Ein Gewirr von schmalen Straßen, viele Kreuzungen und nur wenige Häuser, ich war bereits total verwirrt. Endlich konnte ich bei einem Haus nach dem Weg zu meiner Gite fragen, aber erst nach zwei Telefonaten mit meiner nächsten Gastgeberin fanden wir auch endlich zu unserem Quartier, das ebenfalls direkt neben einer kleinen Kirche lag, nur einer ganz anderen!

Galipolis durfte wieder im großen Garten bleiben. Hier stand viel Gras, zum Glück mähen nicht alle Leute ihre Gärten ständig mit dem Rasenmäher ...

Unterwegs war ich diesen Morgen an einem Reiterhof vorbeigekommen und hatte dort um Getreide gebeten. Wir bekamen so viel, dass ich meinem Pferd die Hälfte gleich gegeben hatte, einen Teil bekam er nun und auch für den nächsten Morgen war noch eine große Portion übrig.

Länger als für einen Tag nahm ich selten Getreide mit, denn ich wollte Galipolis zuviel Gewicht auf seinen Rücken ersparen und auch in meinem kleinen Rucksack wogen ein paar Kilo Getreide extra ganz ordentlich! Ich musste auch nur ständig die Augen offen halten, dann fand ich immer Bauernhöfe oder Pferdeställe, wo ich um Futter für mein Pferd bat. Nie wurde ich abgewiesen und nur selten nahm man meine angebotene Bezahlung an.

Außer mir waren noch zwei Pariser Herrn hier, wir speisten wie üblich mit den Hausleuten. Ein sehr schönes Heim war dies, die Nächtigung kostete auch etwas mehr als in anderen Herbergen, aber das störte mich nicht, hatte ich doch seit langem wieder eine Badewanne und schön heißes Wasser. In einigen der letzten Herbergen kam nur kaltes oder maximal lauwarmes Wasser aus den Wasserhähnen.

Abends machte ich eine schlimme Entdeckung. Einige Tage schon quälte mich Juckreiz und ich hatte kleine rote Flecken an den Armen und auf der Brust bemerkt. Nun sah ich geschockt, was mich so quälte: Ich hatte Flöhe!

Zuvor kannte ich diese Plagegeister nur von meinen Katzen oder Hunden. Daher kam ich mir jetzt richtig schmutzig und ungepflegt vor. Ich schämte mich deswegen und befürchtete, in dem schönen, sauberen Haus diese schrecklichen kleinen Biester zurück zu lassen.

In irgendeiner dieser Herbergen musste ich mir die Quälgeister geholt haben. Es war auch nicht verwunderlich, schliefen doch täglich andere Menschen in den billigen Schlafsälen, Bettwäsche wurde auch nur selten zur Verfügung gestellt.

Man legte sich meist nur in seinem Schlafsack auf die schmuddeligen Matratzen!

Ich nahm mir vor, gleich am nächsten Tag eine Apotheke aufzusuchen und ein Mittel gegen Flöhe zu besorgen. Mit Sicherheit besetzten sie schon meinen Schlafsack. Auch wenn sie kaum zu sehen waren, so spürte ich sie doch sofort, wenn ich reinkroch.

Dementsprechend war meine Freude und Erleichterung riesig, heute ein frisch bezogenes, sauberes und herrlich duftendes Bett zu haben.

Als einzige Waffe gegen diese Tierchen besaß ich ein ätherisches Öl, das ich noch in der Schweiz gegen Mücken gekauft hatte. Damit besprühte ich jetzt meine gesamte Kleidung, den Schlafsack und mich ...

Mein Geruch danach kann man als außergewöhnlich beschreiben. Aber nach einigen Tagen waren die Flöhe zum Glück besiegt und alle verschwunden!

Später, als ich darüber lachen konnte und es anderen Pilgern erzählte, erfuhr ich, dass viele andere die gleiche Erfahrung gemacht und es gleich mir verschämt verschwiegen hatten!

Die Hausherrin meiner Gîte war Engländerin und hatte früher ein Pferd besessen. Tatsächlich fand sie am Dachboden Stollen für Hufeisen und einen Gewindeschneider. Beides schenkte sie mir.

Ich hatte in der Nacht geträumt, in den Pyrenäen im Schnee herum zu irren und Galipolis käme mit den flachen Eisen nicht weiter. (Es sollte uns tatsächlich ähnlich ergehen in Spanien, wenn auch nicht in den Pyrenäen.) So war ich glücklich über dieses Geschenk, denn vorsichtshalber hatte ich beim letzten Beschlag Stollenlöcher in die Eisen meines Pferdes bohren lassen. Obwohl der Hufschmied überhaupt kein Verständnis dafür gehabt hatte und nur zögernd und kopfschüttelnd meiner Bitte nachgekommen war. Beides, Stollen und Beschlag verschaffte mir ein gutes Gefühl. Benötigen würde ich die Stollen dann trotzdem nie, wie sich herausstellen würde ...

Die Landschaft veränderte sich wieder, wir kamen in das Tal der Garonne. Ich war begeistert von Frankreichs wunderschönen, abwechslungsreichen Landschaften.

Mittags machten wir Rast in Moissac, ich gönnte mir ein seltenes warmes Mittagessen in einem Gastgarten. Galipolis döste einstweilen neben mir, angebunden an einer Bank.

Er liebte solche Pausen nicht sehr, wollte lieber abgesattelt auf einer Wiese grasen. Nach einer Rast wie heute, mitten in einer Kleinstadt, verlangte er sehr entschieden sein Recht auf sein eigenes „Mittagessen".

Kaum war ein Büschel Gras zu sehen, war er kaum wegzubewegen. Wir machten also Halt auf dem Damm eines Nebenflusses der Garonne, gleich am Ortsrand von Moissac. Gali hatte hier viel Gras und Klee und ich legte mich auf die Decke unter eine hohe Platane und genoss die kleine Rast. Die Sonne schien noch kraftvoll vom wolkenlosen Himmel und ich war bester Laune – das Leben war herrlich!

Nach ungefähr einer Stunde fuhr ein Auto unterhalb des Dammes vorbei, bremste abrupt, kam zurück und ein älteres Ehepaar stieg aus und kam zu mir hoch. Sie redeten sehr schnell, sodass die Unterhaltung etwas schwierig wurde.

Aber mit Hilfe meiner Karte, die ich vor mir ausgebreitet liegen hatte, fand ich bald heraus, was sie mir sagen wollten und ich ahnte.

Sie hätten mich schon in der Stadt gesehen und wollten mich zu sich nach Hause einladen!

Außerdem wollte mich Michele, der Mann, am nächsten Tag ein Stück begleiten und mir eine schönere Alternativroute zeigen. Der Jakobsweg, der hier meist ident war mit dem Fernwanderweg GR65, würde schon bald meist auf Asphaltstraßen verlaufen, erklärten mir die beiden gestikulierend.

Nun gut, warum nicht? Die zwei (Michele und Milou) wollten die geschätzten zwanzig Kilometer heimfahren und Michele würde mich mit seinem Pferd bei der übernächsten Brücke, die über die Garonne führte, abholen, um mit mir gemeinsam zu ihrem Haus zu reiten.

Sie fuhren weg, aber ungefähr fünf Minuten später kamen sie nochmals zurück. Sie wollten sich nochmals versichern, dass ich den Treffpunkt richtig verstanden hatte und nicht bei einer falschen Brücke warten würde.

Die sechs Kilometer bis zu dieser Brücke vor Malause waren herrlich. Ich ritt unter riesigen, herbstlich gefärbten Platanen auf sandigen Wegen der Garonne entlang und kam genau in dem Moment am vereinbarten Treffpunkt an, als Michele und Milou gerade die Brücke überquerten!

Sie kamen mit dem Pferdehänger. Waren sie doch tatsächlich heimgefahren, hatten ein Pferd aufgeladen und hierher gebracht, um eine Fremde ein Stück zu begleiten!

Michele meinte, ich solle mein Pferd zu seinem in den Hänger stellen, wir würden, nachdem wir den Fluss, die Eisenbahn und die Autobahn überquert hätten, beide wieder ausladen und dann die verbleibenden fünfzehn Kilometer reiten. Sein Pferd sei etwas verkehrsscheu und daher wolle er nicht auf den verkehrsreichen Straßen hier reiten.

Und nun passierte ein Missgeschick, Galipolis trat sich beim Verladen ein Hufeisen runter. Ausgerechnet vom gleichen Huf wie erst vor knapp einer Woche!

Uns blieb nun nichts anderes übrig, als mit dem Pferdeanhänger zum Haus der netten Leute zu fahren. Ich glaube, der kleine Ort, wo die beiden wohnten, hieß Le Pin.

Kaum angekommen, nagelte Michele das Eisen wieder gekonnt rauf. Es war ziemlich verbogen gewesen.

Galipolis kam in den Stall und konnte den Rest des Tages damit verbringen, sich den Bauch voll zu schlagen.

Michele und Milou besaßen eine kleine Herde hübscher Pferde und Michele war ein begeisterter Wanderreiter.

Abends kochte der Hausherr Spagetti und zeigte mir stolz Fotos seiner Pferde. Bei einigen Gläsern Wein erzählte er mir pausenlos Geschichten über seine Tiere und vergaß wohl, dass ich wenig davon verstand. Er redete derart schnell, dass ich – innerlich lachend – nur noch „qui" und „non" antwortete ...

Tags darauf begleitete er mich mit seinem Pferd und auch seine beiden Hunde liefen mit.

Als Rentner hatte er viel Zeit und Milou war heute zu ihrer Tochter nach Paris gefahren. Er freute sich, uns zu begleiten, wäre er doch sonst alleine zuhause gewesen. Ein bisschen Französisch verstand ich schon!

Als wir den GR65, meinen Pilgerweg, erreichten, verließ mich Michele, und wir zogen wieder alleine weiter. Galipolis wieherte seinem Pferdekollegen traurig nach.

Es war schön gewesen, wieder ein Stück Begleitung gehabt zu haben! Auch Galipolis schien sich darüber gefreut zu haben. Er hatte Temperament gezeigt und war motiviert vorangetrabt.

War Gali alleine, zeigte er kaum, dass er normalerweise ein sehr temperamentvoller, selbstbewusster Hengst war. Er lief meist neben mir wie ein braves Hündchen.

Unser nächstes Ziel war das Dorf Castet-Escarbet. Hier gab es eine ziemlich große öffentliche Pilgerherberge. Allerdings war außer mir niemand da.

Die meisten Fußpilger bevorzugten die größeren Orte, um zu nächtigen.

Galipolis durfte in den Garten hinter das Haus, mein Weidezaunband verschloss wieder mal notdürftig den Eingang. Beim Abendessen öffnete ich das Küchenfenster und mein Pferd konnte mit seinem Kopf bis zum Tisch gelangen und sich einige Brot- und Zuckerstücke erbetteln.

Ein Abendessen mit meinem Pferd am Küchentisch, das fanden wir beide toll. Irgendwann trottete er wieder zu seinem Gras ...

Leider ging es mir sonst nicht so gut. Meine Atemnot quälte mich wieder mal. Nachts überfiel mich deswegen sogar leichte Panik. Tagsüber hatte ein warmer Föhn geweht und das machte mir wie so oft richtig zu schaffen.

Eigentlich wäre ich gerne weiter geritten aber ich hatte mich so schwach gefühlt. Sogar das Aufsitzen auf mein Pferd bedeutete eine Kraftanstrengung und Marschieren wäre heute unmöglich gewesen. Ich fühlte mich krank, müde und erledigt.

Nun raste mein Herz und ich kämpfte mich in mein Schlafzimmer über die Treppe in den ersten Stock wo sich die Schlafzimmer befanden.

Heute wünschte ich mir, nicht alleine zu sein, mir war schwindelig und ich dachte schon, diese Nacht müsste ich ersticken …

Siebzig Tage waren wir nun unterwegs, mein Hengst und ich, längst war dieses Pilgerleben zum normalen Alltag für mich geworden.

Unterwegs dachte ich selten an Zuhause, doch abends telefonierte ich beinahe täglich mit meinem Mann oder meinem Sohn. Mein Leben auf unserem Reiterhof schien trotzdem sehr weit in die Vergangenheit gerückt.

Dieses Nomadenleben hatte mich in seinen Bann gezogen, ich dachte immer nur an den nächsten Tag und an das ferne Ziel „Santiago". Nie wäre mir in den Sinn gekommen, wegen meiner Atembeschwerden aufzugeben, warum auch? Ich musste halt unser Tempo darauf abstimmen, manchmal ging es halt langsamer vorwärts.

Ich vermisste auch nur selten die Bequemlichkeiten meines Zuhauses.

All die Dinge, die mir normalerweise so wichtig waren, der Reitstall mit den vielen Pferden, Kindern und Verpflichtungen, den Turnieren, meine Familie, Freunde – ich kam eigentlich gut ohne all das aus …

Ich hatte nur die nötigsten Dinge bei mir und meine Kleidung sah vom vielen Waschen schon ziemlich mitgenommen aus, die Satteltaschen waren auch nicht mehr die besten und mein einziges Paar Schuhe fühlte sich bereits als Teil meiner Füße an.

Es fehlte mir an nichts. Hatte ich Hunger, ging ich einkaufen oder ich wurde eingeladen, jede Nacht fanden wir einen Schlafplatz und wir waren auf dem richtigen Weg.

Und jeder Tag bot ein kleineres oder größeres Abenteuer!

Zum Glück fühlte ich mich am Tag darauf wieder besser.

Beim Frühstück bekam ich wieder Besuch von einem zufriedenen Galipolis am offenen Küchenfenster und wir teilten uns das letzte Stück Brot. Na gut, ehrlich gesagt, er stibitze es, als ich kurz Kaffee holen ging.

Der Föhn hatte nachgelassen, es war bewölkt und nicht mehr so unnatürlich heiß.

Die Wege waren angenehm sandig und die Gegend nur leicht hügelig, sodass wir achtunddreißig Kilometer zurücklegten.

Kurz vor Condom, in La Haout, lag ein Reitstall wie ein Geschenk am Weg. Hier schlugen wir unser Nachtquartier auf.

Ich speiste abends mit einer Gruppe Pariser Schüler, die hier Reiterferien machten und schlief in einem Zimmer, das ziemlich verwahrlost und schmutzig war.

Galipolis bekam eine große Gastbox. Die meisten Pferde am Hof mussten leider in engen, heruntergekommenen Ställen leben.

Condom lag hübsch auf einem Hügel, umgeben von einer riesigen Schutzmauer. Von dieser hatte die Stadt auch seinen Namen.

Als wir am nächsten Tag hier durchkamen, war Markttag und geschäftiges Treiben herrschte in der Altstadt. Viele Leute waren neugierig, als sie uns sahen. Ständig musste ich Fragen beantworten, Gali bekam Karotten und Brot und kleine, pferdenärrische Mädchen durften ein Stück reiten.

Später durchquerten wir eine Landschaft mit weiten Feldern, Weingärten und vielen Höfen mit hunderten oder tausenden Enten, Gänsen oder Hühnern. Der Gestank missfiel nicht nur mir, Gali schnaubte anfangs angewidert. Das bildete ich mir zumindest ein. Positiv empfand ich, dass hier das Geflügel überall große Außengehege hatte.

Weintrauben fand ich um diese Zeit keine mehr, aber auf den bereits abgeernteten Maisfeldern lagen jede Menge Maiskolben für Galipolis. Dieser bevorzugte zwar Hafer, Gerste oder Pferdemüsli, aber ab jetzt standen auf seinem Speiseplan sehr oft harte Maiskörner.

Wieder mal verlor ich die Wegmarkierungen. Wir irrten in Weingärten umher und ich war sehr froh, dass ich einen Kompass bei mir hatte. Denn der verhinderte, dass ich einen falschen Weg einschlug.

Manchmal wählte ich anhand meiner Karten Abkürzungen und hatte dann Mühe, den markierten Jakobsweg oder den GR65 wiederzufinden. So wurden manchmal aus vermeintlichen Abkürzungen unnötige Umwege …

In Escourbet, vier Kilometer vor dem nächsten größeren Ort Eauze, lag wieder ein ehemaliger Reitstall neben unserer Route.

Ich nächtigte alleine in der angeschlossenen riesigen Herberge mit hundertzwanzig Betten. Eigentlich war sie schon geschlossen, da um diese Jahreszeit kaum noch Pilger vorbeikamen, aber ich durfte trotzdem bleiben.

Die Reitanlage lag verwildert da, ich musste erst mal eine Stunde Weide einzäunen. Der Zaun lag verwachsen im hohen Gras und überall fand ich Müll.

Nachdem alles kontrolliert und gerichtet war, bezog ich mein Zimmer.

In der Nähe lebten auf einer anderen Weide zwei Shettlandponys, sollte Galipolis ausbrechen, würde er sicher nur bis zu ihnen laufen. Es gab weder eine Straße noch andere Häuser in der Nähe, also machte ich mir keine Sorgen.

Ich aß mit einer Gruppe Wochenendurlauber im angrenzenden Gästehaus zu Abend. Es gab Rostbeef, ich brachte kein Stück von dem blutigen Fleisch hinunter, zum Glück hatte die holländische Köchin, die auch deutsch sprach, viele Beilagen und Salate zubereitet.

Es gefiel mir hier gut. Man bot mir an, Galipolis für die Nacht in die leerstehende Reithalle zu bringen, aber da er dort nichts zu fressen gefunden hätte, war mir die unsicher eingezäunte Wiese lieber. Ihm bestimmt auch!

Das Wetter blieb auch am folgenden Tag herrlich warm, leider mussten wir viel auf asphaltierten Straßen laufen. Als mein Pferd und ich eine Pause einlegten und es uns auf einer Wiese gerade gemütlich gemacht hatten, stieß ein junger Pilger aus der französischen Schweiz zu uns, der ebenfalls bis Santiago unterwegs war. Valentin sprach gut deutsch und den Rest des Tages marschierten wir gemeinsam.

Da er aber schon im nächsten Ort eine Herberge bezog, und ich wegen des schönen Wetters noch weiterziehen wollte, trennten wir uns. Wir sollten uns aber noch öfters begegnen.

Ich ritt bis nach Lanne-Sauberon, ein kleines Dörfchen, und fand auf einem Bauernhof Unterkunft.

Galipolis blieb auf einer eingezäunten Wiese und ich teilte die kleine Herberge des Ortes mit einem jungen Engländer. Gemeinsam kochten wir den letzten Rest meiner Spagetti und tranken englischen Tee. Ich musste mich erst daran gewöhnen, mit fremden Männern allein in einem Schlafsaal zu nächtigen, aber nie wurde ich belästigt oder dumm angemacht.

Die Pilgergemeinschaft wurde stets großgeschrieben, man schloss schnell Freundschaft und führte gute Gespräche. Über wirklich persönliche Dinge zu sprechen war sehr leicht, waren wir doch alle aus ähnlichen Gründen auf dem Weg.

Wir waren alle Suchende!

Am nächsten Morgen trotteten wir wieder mal bei Wind und Regen mühsam über aufgeweichte, rutschige Wege.

Heute verwünschte ich den Hufschmied, der Galipolis diese flachen Eisen aufgenagelt hatte, denn er fand kaum Halt auf dem schmierigen Untergrund. Die Stollen konnte ich doch nicht verwenden, da das Gewinde leider zu groß war.

In Aire sur l'Adour beschloss ich, Halt zu machen. Ich war durchfroren, der Wind machte es noch schlimmer und fünf Stunden im Regen waren einfach genug!

Da mein Bargeld aufgebraucht war, ging ich zur Post, um Geld abzuheben.

Hier sprach mich ein junger Mann an, ihm erzählte ich, dass ich ins Centro de Loisir wollte. In meinem Buch hatte ich gelesen, man würde in dieser Herberge auch mit Pferden aufgenommen werden.

Chaco, so hieß der Mann, erklärte mir daraufhin den Weg.

Leider wurde mir dort verwehrt, Galipolis unterzustellen.

Normalerweise sei es kein Problem, da der Garten groß sei, und ein Pferd niemanden stören würde. Nur dieses Wochenende seien viele Kinder in der Jugendherberge, und daher würden es die Sicherheitsvorschriften nicht erlauben, dass mein Hengst bleiben könne. Viel zu gefährlich!

Ich sollte ungefähr fünf Kilometer den Weg, den wir gekommen waren, zurückreiten. Dort würde ich einen Stall finden, meinte die junge Frau an der Rezeption.

Das kam aber für mich nicht in Frage, erstens regnete es noch immer und wir waren beide durchnässt und müde. Und außerdem hieß es für mich, vorwärts und nicht zurück!

Gerade, als ich weiterziehen wollte, kam Chaco. Er wollte sehen, ob wir ein Quartier bekommen hatten.

Als er erfuhr, dass kein Platz für Galipolis in der Herberge war, bot er mir sofort an, ihn auf der Koppel eines Freundes, wo auch er sein Pferd stehen hatte, unterzubringen.

Nach einem Telefonat war das geregelt, mein Pferd durfte ganz in der Nähe der Jugendherberge bleiben.

Chaco und ich teilten die Weide mit einem elektrischen Band ab. Da auch eine Stute hier lebte, gebärdete sich mein Hengst ziemlich verliebt und lief pausenlos den Zaun entlang. Zur Sicherheit hatten wir einen zehn Meter breiten Korridor zwischen den beiden Weiden angelegt. Chaco brachte noch Wasser, Heu und Gerste für Galipolis und fuhr mich zurück in die schöne Jugendherberge. Von dort aus konnte ich mein Pferd sogar hören, ein verliebtes Wiehern, voller Sehnsucht nach der hübschen Stute auf der anderen Koppel.

Die heiße Dusche, die ich mir nun gönnte, war herrlich und vertrieb endlich die Kälte, die ich schon bis in die Knochen gespürt hatte. Es war noch früher Nachmittag, aber ich war sehr müde. Also gönnte ich mir ein kleines Schläfchen, um danach ausgeruht in den Ort einkaufen zu gehen. Auch mein Pferd besuchte ich, der Dummkopf lief noch immer aufgeregt am Zaun auf und ab. Ich wünschte, er würde lieber fressen und seine Energie für den nächsten Tag sparen! Zum Glück hatte es endlich aufgehört zu regnen. Durch die Umstellung auf die Winterzeit wurde es nun schon früh dunkel.

Als ich wieder in der Herberge ankam, waren zu meiner Freude auch meine letzten beiden Pilgerbekanntschaften hier, Valentin und der Engländer, dessen Namen ich mir einfach nicht merken konnte.

Jeder steuerte einige Lebensmittel bei und wir kochten gemeinsam Abendessen. Sogar eine Flasche Rotwein trieben wir auf. Diese Selbstversorger-Herbergen waren eine gute Sache. Man sparte Geld und es machte Spaß, gemeinsam zu kochen. Und außerdem viel gemütlicher und günstiger als in einem Lokal zu essen.

Nachts erwachte ich plötzlich durch Stimmen und Poltern.

Besuch von drei Polizisten! Sie dachten, jemand wäre in die Herberge eingebrochen! Keine Ahnung warum, wir waren doch offiziell aufgenommen worden. Valentin erweckte wohl mit seinen langen, zerzausten Haaren und dem Vollbart Misstrauen. Wir Menschen urteilen leider oft anhand Äußerlichkeiten. Pilger, die schon mehr als 1.000 km hinter sich haben, erscheinen einfach nicht mehr so gepflegt und gut gekleidet wie andere …

Wir hatten jedenfalls beim Frühstück durch diesen nächtlichen „Überfall" der Polizei viel zum Lachen – auch wenn wir ein paar Stunden davor mächtig erschrocken waren.

Galipolis hatte auf seiner Wiese entlang des trennenden Zaunes eine tiefe Spur im nassen Boden hinterlassen.

Er musste wohl die halbe Nacht gelaufen sein. Seine Müdigkeit oder Unlust weiter zu ziehen, zeigte er mir heute deutlich. So nahe war die Stute gewesen und er musste weg … mein Hengst litt unter seinen Hormonen.

Chaco war zum Abschied gekommen und im Zentrum von Aire sur l'Adour konnte ich mich auch noch bei seinem Freund und Besitzer der Wiese bedanken. Ich machte vor einem der vielen Lokale Halt, um einen Kaffee zu trinken und zufällig gehörte dessen Besitzer auch die Weide, auf der Galipolis übernachtet hatte …

In der Bäckerei gleich daneben bekamen wir noch einen großen Sack hartes Brot geschenkt und Personal und Gäste wünschten mir Glück für unsere Reise.

Welch ein Gefühl – den ganzen Tag begleiteten uns heute erstmals die Pyrenäen am Horizont. Eine scheinbar lange Mauer, noch weit entfernt, aber unser Ziel rückte täglich ein Stück näher. Frankreich war für mich wunderschön, doch ich konnte es kaum erwarten, endlich Spanien zu erreichen!

Heute waren die Mücken wie so oft lästig, nach dem gestrigen Regentag war es wieder schwül und heiß, obwohl bereits erster November war.

Wir schafften wieder einunddreißig Kilometer und ich fand eine Herberge, der ein Campingplatz angeschlossen war. Es war wiederum fast dunkel, als ich für mein Pferd notdürftig ein Stück Areal einzäunte. Ich hatte mein Weidezaunband einfach um Bäume geschlungen, und Gali so eine notdürftige Koppel errichtet. Als mein Band genau einen Meter zu kurz war, leuchtete ich mit meiner Taschenlampe den nächsten Baum an und fand tatsächlich eine herabhängende Wäscheleine, die exakt die fehlende Länge ersetzte. Diese scheinbaren Zufälle waren für mich stets ein Geschenk des Himmels. Ich lernte wie nie zuvor, dass immer alles vorhanden ist, was man braucht!

Die Erkenntnis machte mich jetzt glücklich, ich bekam Vertrauen ins Universum und war sicher, unsere Reise gut zu Ende zu bringen. Dankbarkeit erfüllte mich.

Ich ließ mein Pferd auf dem verlassenen Campingplatz. Es gab genügend Gras und ich hoffte, solange er genug zu fressen hatte, würde Galipolis auch nicht weglaufen. Außerdem lagen hinter dem Campingplatz nur Wiesen und Felder, keine Straßen.

Tagsüber hatte ich wieder einen kleinen Sack Pferdemüsli geschenkt bekommen und somit war Galis Abendessen und Frühstück gesichert.

In der Nacht ging ich dann doch zweimal nachsehen, und um drei Uhr früh band ich Galipolis an einen Baum, denn inzwischen hatte er entdeckt, dass auch außerhalb seiner Umzäunung leckeres Gras wuchs …

Er war zwar nur ungefähr fünfzig Meter weit wegspaziert, aber in der Dunkelheit hätte ich mein Pferd beinahe nicht entdeckt.

Leider verlor mein Pferd am nächsten Tag wiederum ein Hufeisen. Ich wünschte, ich hätte wenigstens ein Ersatzeisen im Gepäck gehabt.

Fünf Kilometer führte ich mein Pferd bis in die nächste Ortschaft. Der Huf überstand es ohne bedenklichen Abrieb. Ich hatte mir Sorgen gemacht, da Galipolis beim letzten Eisenverlust zu lahmen begonnen hatte.

Gleich beim Ortsbeginn von Arthez-de-Bearn traf ich auf einen Mann, der drei Pferde auf einer Koppel fütterte. Erleichtert fragte ich ihn nach einem Hufschmied. Doch wie befürchtet, gab es auch hier im Umkreis von vielen Kilometern keinen.

Aber er bot sich an, mein Pferd zu beschlagen! Seine eigenen Pferde beschlage er auch selber. Leider hatte er keinen Platz für Galipolis im kleinen Stall, ich hätte ihn gerne gleich hier für die nächste Nacht eingestellt.

Trotzdem zog ich erleichtert weiter bis zur Gîte communal, der öffentlichen Pilgerherberge. Er wollte später nachkommen, um das Eisen aufzunageln.

Hinter der Herberge befand sich eine Weide auf einer Hanglage voller Dornen und großen Steinen. Aber diesmal ausbruchsicher gut eingezäunt. Ein bisschen erinnerte es mich an den argen Steilhang in Conques, aber diesmal war es zum Glück nicht ganz so schlimm.

Ich wartete leider vergeblich auf den Mann, der Gali beschlagen sollte. Meine alte Ungeduld und Nervosität kehrte zurück. Ich mochte es gar nicht, wenn ich mich nicht auf die Worte anderer verlassen konnte. Oder hatte ich ihn missverstanden? Wäre ja auch kein Wunder, denn obwohl ich nach den vielen Wochen schon ganz gut unterwegs war mit meinen Französischkenntnissen, mein Wortschatz ja doch sehr begrenzt!

Ich teilte die Herberge mit einer Französin, Marie-Rosa, die auch ein Stück auf dem Jakobsweg unterwegs war. Sie war sehr nett und versuchte, Hufschmiede aus dem Telefonbuch für mich anzurufen. Leider vergeblich, nicht einer war erreichbar. Es liefen nur Tonbänder, keiner rief zurück.

Dieser Ort lag wunderschön auf einer Anhöhe, rundherum bot sich eine unbeschreiblich schöne Aussicht in das tiefer gelegene Land. In der Ferne erstreckten sich am Horizont die mächtigen Berge der Pyrenäen und der Sonnenuntergang tauchte alles in ein glühendes, rot-orangefarbenes Licht.

Am nächsten Morgen entschloss ich mich, zum Gemeindeamt zu gehen und um Hilfe zu bitten.

Man gab mir die Telefonnummer eines Reitstalles und dadurch fand ich bald darauf einen Hof mit edlen Araberpferden. Ich war sogar an einem Hinweisschild zum Stalles tags davor vorbeigekommen, dieses aber nicht zur Kenntnis genommen. Schade, hier hätte Galipolis ein besseres Quartier gefunden als auf seiner Weide.

Freundlich wurde ich von einer älteren Dame empfangen, die mir erklärte, ihre Tochter und Besitzerin der Anlage wäre schon unterwegs zu meiner Herberge, um mich zu suchen. Meine Mitbewohnerin in der Herberge hatte nämlich die Nummer dieser Leute ausfindig gemacht, als ich schon unterwegs zur Gemeinde gewesen war. Die Liebe hatte angerufen und mein Problem erklärt.

Ich ging zurück, holte Galipolis und Sabine, die junge, zarte Stallbesitzerin, suchte ein gebrauchtes Eisen und schon war alles erledigt. „Hier ist Frauenpower angesagt", lachte Sabine. Froh und dankbar kehrte ich zur Herberge zurück und bereitete unseren Aufbruch vor.

Ich hoffte trotzdem, noch vor der spanischen Grenze einen Hufschmied zu finden. Es war zwar noch gar nicht lange her seit dem letzten Beschlag, aber da die Eisen keine Stifte hatten, nutzten sie sich schneller ab. Schon nach fünf Wochen waren sie dünn wie ein Messer und drohten, auseinander zu brechen!

Leider begann es heute wieder zu regnen und da wir erst mittags losgezogen waren, machten wir bereits nach achtzehn Kilometer Halt. Die kleine Herberge im Örtchen Sauvelade war hübsch und lag neben einem alten, ehemaligen Kloster.

Galipolis durfte nach einem Telefonat des Herbergsbesitzers mit einem Bauern auf eine riesige Weide gleich neben meiner Herberge. Diesmal funktionierte sogar das elektrische Weideband, ich bekam das zu spüren. Das Gras hier reichte Galipolis bis zum Bauch und der Regen hatte nachgelassen.

Allerdings zog nachts ein Gewitter über unser Gebiet, gefolgt von heftigem Regen.

Auch morgens zeigte sich keine Wetterbesserung. Unmotiviert zogen wir zwei bei strömenden Regen los und so blieb es auch den Großteil des Tages.

Ich wollte heute nur bis ins vierzehn Kilometer entfernte Navarrenx. Der Regen und die mühsamen Wege in dem hügeligen Gebiet machten mich müde.

Bei diesem Wetter ritt ich nicht viel, es war einfach zu kalt. Die Nässe und Kälte kroch durch die Kleider, ich konnte mich kaum noch bewegen. Beim Laufen wurde mir wenigstens warm.

Navarrenx, eine schöne alte Kleinstadt, war von einer fast vollständig erhaltenen Stadtmauer umgeben. Nachdem ich mir in einer Bar einen heißen Tee gegönnt hatte und erkannte, dass hier kein Platz für ein Pferd war, zogen wir weiter. Durch die verwinkelten engen Gassen fand ich schwer wieder raus aus der kleinen Stadt.

Die Gegend wurde flacher, aber der Regen wollte an diesem Tag einfach nicht aufhören. Ein paar Kilometer später erreichten wir das kleine Bauerndorf Lichos.

Ich läutete an der Tür einer Gite. Die Frau wollte mich schnell abweisen. Ihre Pension sei über den Winter geschlossen und außerdem wollten ihr Mann und sie abends ausgehen.

Ich hatte aber absolut keine Lust, noch länger durch den Regen zu laufen. Hartnäckig bat ich um Aufnahme, ich wollte keine Umstände machen, nur ein trockenes Plätzchen zum Schlafen wollte ich für mein Pferd und für mich.

Erst jetzt sah sie uns näher an, wie wir durchnässt und frierend vor der Tür standen und ich glaubte, plötzlich Mitleid in ihren Augen zu erkennen. Sie verschwand, um sich kurz mit ihrem Mann zu besprechen und, dem Himmel sei Dank, wir durften bleiben!

War ich erleichtert ...

Für mein Pferd war schnell ein überdachter Platz zwischen einem Traktor und anderen landwirtschaftlichen Maschinen gefunden. Er bekam reichlich Stroh, Heu und Gerste.

Ich war froh, dass er diese Nacht einen trockenen Platz hatte. Zu oft nachts im Regen zu stehen, tat Galipolis bestimmt nicht gut. Das zehrte an seinen Reserven. Bei diesem Wetter wurde er auch nie richtig satt, wenn ich mal für ein, zwei Tage kein Getreide auftreiben konnte. Nur Gras allein war viel zu wenig und unsere mittäglichen Pausen verkürzten sich im Regen. Galipolis gesund nach Santiago zu bringen, hatte oberste Priorität.

Heute war erkennbar, wie er es genoss nach diesem langen Tag, windgeschützt und trocken in Ruhe viel gutes Futter vertilgen zu können.

Die Besitzer waren jetzt sehr hilfsbereit und nett. Trotz meiner Einwände verschoben sie ihren abendlichen Besuch um eine Stunde. Die Hausfrau kochte und wir aßen gemeinsam zu Abend. Ich fühlte mich so wohl, das Haus hatte eine liebevolle Ausstrahlung.

Am nächsten Morgen empfing mich eine unerwartete Stille, als ich erwachte. Der Regen war vorbei! Stattdessen schickte die Sonne warme Sonnenstrahlen durchs Fenster – welch eine Freude!

Nach dem Abschied von den lieben Bauern erwarteten uns wiederum schöne Landschaften mit wunderbarem riesigem Waldgebiet.

Ich ritt vergnügt weiter, ohne mir Sorgen zu machen wegen des nächsten Quartiers. Ich wollte bis Ostabat, drei Herbergen waren dort in meinem Buch eingezeichnet, die Pferde aufnehmen würden. Nur noch selten rief ich an, um einen Platz zu reservieren.
Ich vertraute einfach darauf, jeden Abend ein Quartier zu finden.
Diesmal sollte ich mich aber täuschen ...

Die erste, uralte Herberge befand sich gleich am Ortseingang. Beim Bauern nebenan wollte ich Galipolis unterstellen. In meinem Pilgerführer wurde sein Hof als Einstellmöglichkeit für Pferde angegeben, aber wir wurden sehr unfreundlich abgewiesen. Der Bauer schickte uns zur nächsten Gite einige hundert Meter weiter. Dort erklärte man mir, sie hätten wegen einem Umbau geschlossen. Ich solle doch zwei Kilometer weiter in einer ganz neuen Pilgerherberge mit angeschlossenem Pferdestall fragen.

Jetzt war ich schon leicht verärgert, denn die Sonne ging bereits rot leuchtend unter. Endlich in der Herberge angekommen, wurde ich gleich wieder enttäuscht, denn sie lag versperrt und verlassen vor uns!
Nun war ich etwas verzweifelt. Zurück nach Ostabat wollte ich auf keinen Fall. Es lag mir gar nicht, ein Stück unseres Weges zurück zu müssen.
Um diese Jahreszeit waren nur wenige Pilger unterwegs, darum war es auch nicht selbstverständlich, dass Herbergen geöffnet hatten.
Ich sollte später noch oft froh sein, ein Bett zu finden und gleichzeitig auch einen Platz für Galipolis ...
Vier Kilometer war der nächste Ort, Larceveau, entfernt. Ich rief bei einem Hotel an – in meinem Pilgerführer war ein Hufeisen abgebildet neben der Telefonnummer – man werde uns aufnehmen! Und so machten wir uns bei vollkommener Dunkelheit auf den Weg. Nur schwer konnte ich die Markierungen des Jakobsweges erkennen und ich hatte Sorge, wir könnten uns verirren. Es war bereits viel zu kalt, um nur mit dem Schlafsack draußen zu campieren.

Ich gebe zu, mir kamen an diesem Abend wieder mal die Tränen. Ich fühlte mich verlassen und das Gefühl, nirgends willkommen zu sein, machte mich einsam.
Die letzten zwei Kilometer bis zu unserem Ziel waren herausfor-

dernd, da wir am Straßenrand einer sehr stark befahrenen Straße gehen mussten. In der Dunkelheit war das gefährlich. Hatte ich ein Wegstück ohne Ausweichmöglichkeit vor mir, forderte ich von Gali einen kurzen Galopp am Bankett, um rechtzeitig, bevor ein Auto von hinten kam, wieder in Sicherheit in der Wiese neben der Straße zu sein. Dies bedeutete für mich ziemlichen Stress – Galipolis blieb unbeeindruckt ruhig. Aber es war ihm anzumerken, dass sein Tag lang genug gewesen war und er nur noch eines im Sinn hatte: Fressen …

Ich war wieder mal sehr erleichtert, als wir heil ankamen. Mein Pferdchen durfte im eingezäunten Garten neben dem Haus bleiben. Zum Glück war wieder viel Gras dort und vom Bauer in Lichos hatte ich noch genügend Gerste.
Nun freute ich mich, bis hierhin gekommen zu sein, durfte ich so wieder mal ein bisschen Luxus genießen – ein schönes Zimmer mit Fernseher und Badewanne!
Zwar nicht ganz billig, aber das war heute unwichtig.
Hungrig bestellte ich das Pilgermenü, ohne zu fragen, was serviert wurde und bekam Gänseleber vorgesetzt. Wie konnten die Franzosen nur so wild darauf sein? Riecht schon widerlich. Allein der Gedanke, wie Gänse gefüttert um nicht zu sagen gefoltert wurden, damit die wertvolle Gänseleber auch ausgab, verursachte mir Übelkeit. In Wahrheit wurde Fettleber gegessen. Nun gut, für mich gab es heute nur Salat und Reis (und zwei Gläschen Wein).

Ich schlief später himmlisch in meinem Hotelbett und am nächsten Morgen erwachte ich mit einem besonderen feierlichen Gefühl – unser letzter Tag in Frankreich!
Heute würden wir St.-Jean-Pied-de-Port ereichen!
1.100 km waren wir durch Frankreich gezogen und hatten dabei so viel Schönes und Abenteuerliches erlebt.
Diesen letzten Tag wollte ich mit allen Sinnen genießen.
Unglaublich schnell waren in den letzten Tagen die Berge der Pyrenäen nähergerückt.
Wir waren jetzt im französischen Baskenland mit seinen gepflegten Dörfern und Bauernhöfen. Hauptsächlich wurden hier auf hügeligen, grünen Wiesen Milchkühe, Schafe und Ziegen gehalten.

Ganz besonders schön fand ich unseren Einzug nach St.-Jean-Pied-de-Port von der Zitadelle durch das Stadttor und über die alten Pflastersteine hinunter durch die Altstadt.

Im Pilgerbüro warnte man mich, ich würde Strafe zahlen, sollte mich ein Polizist sehen. Es war nämlich verboten, mit Pferden die Altstadt zu betreten. Ich hatte sogar ein Verbotsschild gesehen, aber es trotzig ignoriert! Die Verbotsschilder zeigten auch normalerweise Reiter und da ich mein Pferd in solchen Situationen an der Hand führte, konnte man mich doch nicht wegen Reiten auf verbotenen Wegen bestrafen …

Ich hatte meinen Hengst vor dem Büro an einer Straßenlaterne angebunden, als ich auf dieses Verbot hingewiesen wurde. Es war Sonntag und viele Besucher spazierten durch die Stadt. Kinder drängten sich neugierig um Galipolis, um ihn zu streicheln und als noch ein Auto mit Zentimeterabstand an ihm vorbeifuhr, war ich froh, dass mein Kamerad so ruhig und gelassen war. Kaum etwas konnte ihn aus der Ruhe bringen, ausgenommen hübsche Pferdedamen.

Leider ließ ich mich vom Angestellten der Pilgerinformation beeinflussen. Er riet mir sehr entschieden davon ab, den Napoleonweg über die Pyrenäen zu nehmen.

Es wäre viel zu gefährlich mit dem Pferd, redete er mir ein. Ich dachte kurz an unsere Abenteuer in den Schweizer Bergen und ließ mich dadurch dazu überreden, anstatt des markierten Weges die Straße zu nehmen.

An dieser würde ich in ungefähr sechs Kilometern eine hübsche Gîte finden, wo ich mit meinem Pferd nächtigen konnte, versicherte mir der Mann.

Telefonisch war dort zwar niemand erreichbar, aber sie wäre ganz gewiss geöffnet, meinte er.

Also dehnte ich unsere Rast in St.-Jean-Pied-de-Port noch eine Weile aus, kaufte Ansichtskarten und trank gemütlich Kaffee in einem hübschen Gastgarten. In der Annahme, ein sicheres Quartier für später zu haben, ließ ich eine Weile meine Seele baumeln und beobachtete das geschäftige Treiben der Touristenstadt.

Bedauerlicherweise hatte ich keine Möglichkeit, die Speicherkarte meiner Digitalkamera entwickeln zu lassen, es war Sonntag und alle Geschäfte geschlossen, außer einigen Souvenirläden. Über eine

Woche schon war die Karte voll und ich fand keine Gelegenheit, eine CD brennen zu lassen. Das würde ich später leider noch sehr bedauern.

Etwas besorgt war mir doch zumute beim Aufbruch. Es ging nun stetig bergan, kurz nach der Gite, die wir anstrebten, befand sich bereits der Grenzübergang nach Spanien.
Mein Gefühl hatte es mir ja gesagt ... es war niemand anzutreffen in besagtem Haus. Ich hinterließ Nachrichten auf der Mailbox, aber es kam keine Antwort. Da aber ein Fenster im Erdgeschoss des Hauses offen stand, dachte ich mir, die Bewohner kämen sicher bald zurück. Also sattelte ich Galipolis ab und wartete vor dem Haus.
Leider umsonst. Es wurde dunkel und niemand kam ...
Was sollte ich nun tun? Zurück nach St.-Jean-Pied-de-Port reiten? Dort hatte ich Pferde gesehen ... Viel zu weit! Weiter ziehen in die Berge? Zu unbewohnt und viel zu kalt! Denn kaum war die Sonne untergegangen, krochen die Temperaturen in den Minusbereich.

Ich erinnerte mich daran, ungefähr einen Kilometer vor dieser Gite ein Schild mit „Gite rural" gesehen zu haben, also eine ländliche Pension. Dort wollte ich jetzt mein Glück versuchen.
Wir mussten auf die verkehrsreiche Straße zurück, wo viele Autos aus den Bergen kamen. Manche Familie hatte wohl den schönen Sonntag für einen Ausflug genutzt.

Wieder hatten wir Pech, kein Zimmer frei, kein Platz für ein Pferd. Also ritt ich noch ein Stück weiter in die Richtung, aus der wir gekommen waren (obwohl ich das gar nicht mochte).
Und tatsächlich entdeckte ich noch ein Hinweisschild, das mir davor entgangen war! Zimmer frei, hieß es – ein Stein fiel mir vom Herzen.
Steil bergauf führte die Straße zu einem schönen Bauernhaus. Ich läutete an der Türglocke und wir wurden aufgenommen.

Überfreundlich zeigte mir die ältere Frau, die uns geöffnet hatte, eine eingezäunte Wiese. Galipolis hatte seinen Platz, aber ein Stall wäre mir lieber gewesen, da er ziemlich verschwitzt war. Durch meine schon etwas panische Quartiersuche in der Dunkelheit war mein Pferd viel getrabt und galoppiert. Obwohl ich ihn zudeckte, mochte ich ihn nicht gerne draußen stehen lassen, denn es war windig und kalt hier oben. Ich bekam ein wahrlich luxuriöses Appartement für die Nacht. Als ich erfuhr, es koste fünfzig Euro für eine Nacht, wollte ich verhandeln und fragte, ob sie nicht etwas Einfacheres für mich hätte. Es war sehr spät und ich wollte nur einen Schlafplatz, brauchte weder Fernseher noch einen offenen Kamin oder dieses große, stilvoll eingerichtete Wohnzimmer.

Ich war müde, erschöpft und wollte einfach nur schlafen. Die Frau ließ sich nicht erweichen, sie wusste genau, ich hatte keine andere Möglichkeit hier in der Einöde. Sie meinte immer wieder, mein Pferd hätte es so schön auf seiner Weide, nirgends sonst würde er bleiben können … Als ich sie um Getreide bat, behauptete sie, nichts zu haben. Das glaubte ich ihr aber nicht, lebten doch jede Menge Kühe und Schafe auf dem Hof.

Ich ärgerte mich nicht länger, hatte ich doch bisher so viele hilfsbereite Menschen kennen gelernt, die mir ohne Gegenleistung weitergeholfen hatten.

Wenn sie glücklich darüber war, einer Pilgerin in Not möglichst viel abzunehmen, dann soll sie doch, entschied ich.

Doch am Morgen verlangte sie plötzlich nur fünfundvierzig Euro. Ohne dass ich abermals etwas gesagt hatte …

Wir waren beide zufrieden und ich hatte auch besonders gut in dem schönen Bett geschlafen. Ich fühlte mich ausgeruht und bereit für den Pass.

Hoffentlich war es Galipolis auch!

Nachtquartier in Viana

Pilgerfreunde in der Herberge in Belorado

Rast in der Bodega Irache

auf dem Römerweg Via Traiana

die längste Römerbrücke in Hospital de Obriga

vor der Pilgerherberge in Hospital de Obriga

Astorga

*Wintereinbruch in
Cruz de Hierro*

das verschlafene Dorf El Acebo

der kranke Galipolis in Villafranca de Bierzo

irgendwo in Galizien

San Roque

Am Ziel!

die beeindruckende Kathetrale Santiago de Compostella

Spanien

Am siebten November erreichten wir über den Ibaneta-Pass endlich Spanien!

Endlos zog sich die Asphaltstraße zwanzig Kilometer weit in Serpentinen aufwärts, es war an diesem Tag heiß und wir kamen beide mächtig ins schwitzen. Obwohl mir der Angestellte im Pilgerbüro versichert hatte, teilweise einen parallel laufenden Wanderweg benützen zu können, stellte sich das als unmöglich heraus.

Ich machte Rast an der Abzweigung, wo ich die Straße verlassen wollte. Während ich im Schatten eine kleine Mahlzeit zu mir nahm, kamen zwei Radfahrer vollkommen erschöpft den besagten Weg zurück. Auch sie hatten diesen Tipp bekommen, aber er war einfach unpassierbar mit Fahrrädern. Auch ein Pferd könne es nicht schaffen, es wäre eine steile Schlucht mit einem schwer zugänglichen Weg zu überwinden, erklärten sie mir. Sie hatten fast eine Stunde für diese vermeintliche Abkürzung gebraucht, um letzten Endes doch wieder umzukehren!

So leid sie mir auch taten, so war ich doch froh, ihnen begegnet zu sein. Wir mussten zwar jetzt auf Asphalt weitermarschieren, aber das war besser, als irgendwo im Dickicht zu stecken und wieder umkehren zu müssen.

Ich ärgerte mich noch immer etwas, weil ich nicht den Napoleonweg genommen hatte. Es kam aber zum Glück auf dieser Straße nur alle zehn bis fünfzehn Minuten ein Auto vorbei. Ansonsten waren wir allein.

Die Berge waren von einer besonderen Schönheit. Unsere Alpen daheim sind natürlich auch wunderbar, aber diese hier waren ganz anders, wahrscheinlich gefielen sie mir auch deshalb so gut, weil ich sie schon so herbei gesehnt hatte.

Als wir dann endlich oben auf dem Ibanetapass standen, jubelte ich innerlich. Welch ein Gefühl, was für eine Aussicht!

Ich spürte Glückseligkeit, Dankbarkeit und Demut und hätte die ganze Welt umarmen können. In Vertretung dieser bekam diese Zärtlichkeit mein wunderbares, braves Pferd. Dessen einziges Interesse galt aber nur den Bergkräutern hier …

Nach einigen Kilometern auf schönen weichen Waldwegen erreichten wir Roncevalles. Nun würden wir dem Camino frances bis nach Santiago de Compostela folgen.

Ich hätte gerne schon hier Halt gemacht, da mir dieser kleine, hübsche Ort hoch oben in den Bergen gut gefiel. Doch im Pilgerbüro des Klosters verwies man mich an einen riesigen Campingplatz in einigen Kilometern Entfernung. Dort gäbe es auch einen Pferdestall, versicherte man mir. Ich bat zur Sicherheit, dort anzurufen, da ich in letzter Zeit schon genug Schwierigkeiten gehabt hatte bei der Quartiersuche.

Wiederum war telefonisch niemand zu erreichen, aber mir wurde abermals versichert, die Herberge dort sei ganzjährig geöffnet und ich würde mit hundertprozentiger Sicherheit aufgenommen werden.

Es war anfangs eigenartig, mich nun auf Spanisch unterhalten zu können und nicht mehr mühevoll nach französischen Wörtern suchen zu müssen. Spanisch sprach ich ganz gut, war ich doch früher längere Zeit in Spanien und Zentralamerika gewesen.

Guten Mutes zog ich mit meinem Pferd durch schöne Wälder weiter, die Wege waren jetzt sehr gut markiert. Verirren konnte man sich kaum noch.

Die gelben Pfeile, die den Jakobsweg kennzeichneten, waren überall gut sichtbar angebracht.

Um zum Campingplatz zu gelangen, mussten wir danach leider noch eine stark befahrene Straße nehmen. Die Sonne verschwand langsam am Horizont und der Abendhimmel leuchtete wieder mal im schönsten Orange und Rot.

Gleichzeitig mit uns beiden kam auch eine Gruppe Wanderer am Campingplatz an.

Wir wurden ziemlich schroff abgewiesen. „Cerrado!"– geschlossen seit dem ersten November, rief der Besitzer, der nur zufällig anwesend war.

Während die anderen weg gingen, um eine andere Übernachtungs-möglichkeit zu suchen, wollte ich nicht so schnell aufgeben.

Es war dunkel, ich hatte absolut keine Lust, im Dunkeln noch fünf Kilometer bis in das nächste Dorf Espinal zu reiten.

Und ich war bereits richtig wütend, tagelang hatte ich nun schon die gleichen Probleme. Keiner wollte uns ein Quartier geben!

Ich ließ mich nicht abwimmeln. Anfangs hörte ich nur „no, no possible", aber dann, ganz unvermittelt, meinte der Mann: „Komm mit!"
War ich erleichtert! Ich bedankte mich überglücklich.

Es wäre viel zu gefährlich gewesen, auf dieser stark befahrenen Straße nachts zu reiten und unmöglich, dem Wanderweg zu folgen. Ich versprach dem Mann, ich würde aus Dankbarkeit in Santiago ein Gebet für ihn sprechen. Das brachte ihn zum Lachen und seine Unfreundlichkeit verwandelte sich in herzliche Gastfreundschaft. Galipolis durfte die Nacht auf der Weide seiner Pferde verbringen, die zum Glück nicht da waren. Sie war sehr groß, aber nur mit einem Draht eingezäunt und auf einer Seite direkt neben der Straße gelegen. Das gefiel mir weniger, aber nach diesem langen Tag würde mein Hengstchen kaum nachts auf Wanderschaft gehen. Kaum abgesattelt, suchte sich Galipolis eine sandige Stelle und wälzte sich grunzend mit Genuss. Und es gab Heu und Hafer für ihn!

Ich bekam ein Bett in einem der unzähligen Zimmer und versprach, dieses am nächsten Morgen sauber zu hinterlassen.
Es war bereits alles gründlich für die Winterpause gereinigt, darum bemühte ich mich sehr, keine Spuren zu hinterlassen. War gar nicht so einfach, denn ich hatte überall Heu an meiner Kleidung. In der Dunkelheit hatte ich das draußen nicht bemerkt.
Am Morgen wollte ich die Herberge zeitig verlassen, aber die Tür war versperrt.
Zum Glück verriet lautes Schnarchen das Zimmer des Hausmeisters und nach mehrmaligem lautem Klopfen an seine Zimmertür kam er mit dem Schlüssel.

Wir erreichten den gepflegten Ort Espinal. Wunderschön waren die teilweise Jahrhunderte alten Häuser renoviert worden. Das Baskenland machte schon jetzt einen guten Eindruck bei mir.
Die Wege waren anfangs gut reitbar, bald aber mühten wir uns wieder über steinige, steile Pfade bergab. Plötzlich überholte uns ein junger Mann. Erst auf dem zweiten Blick erkannte ich ihn. Es war Andreas, der Deutsche, den ich vor ungefähr zwei Monaten in der Schweiz kennen gelernt hatte! Wir freuten uns über die abermalige

Begegnung und hatten uns natürlich viel zu erzählen. Die nächsten Stunden pilgerten wir gemeinsam weiter, bis Larasoana.

Hier wollte ich Station machen, da in meinem Buch geschrieben stand, es gäbe einen Platz für Pferde bei der Gemeindeherberge.

Andreas wollte noch zehn Kilometer weiter in den nächsten Ort, wäre ich doch nur mitgegangen ...

In der öffentlichen Herberge waren bereits eine Menge Pilger. Alle hatten ihre Pilgerreise in St.-Jean-Pied-de-Port oder in Roncevalles begonnen. Wiederum wollte uns der Gemeindebedienstete abweisen.

Es gäbe keinen Stall mehr, schon lange nicht, und ein Pferd hinterlasse überall nur Dreck, meinte er.

Da ich und wahrscheinlich auch mein Galipolis aber ziemlich müde waren, überredete ich ihn, bleiben zu dürfen. Es gab angeblich keine Bauern, wo mein Pferd hätte bleiben können. Ich durfte ihn wenigstens hinter der Herberge in Bachnähe an einen Baum binden.

Es stand viel Gras dort, also knüpfte ich alle Stricke zusammen und so konnte Galipolis ausreichend grasen. Er war schon sehr geschickt mit dem langen Strick und verhedderte sich selten. Pferde lernen schnell!

Nach einigen Stunden wollte ich ihn dann kürzer anbinden, aber jetzt musste er fressen. Heute gab es weder Heu noch Getreide.

Momentan wehte ein warmer Föhn, also machte ich mir keine allzu großen Sorgen und bezog erleichtert die Herberge.

Anfangs empfand ich es als unangenehm, in dem kleinen Schlafsaal mit zwölf anderen Personen zu bleiben. Das war ungewohnt für mich, bis jetzt war ich doch meist alleine gewesen.

Aber ich fand nette Gesellschaft. Gemeinsam mit Marie aus Mallorca und Julio aus Burgos kochte ich Spagetti und bei unserem geselligen Abendessen schmeckte auch das Einfachste köstlich.

Vielen der Anwesenden sollte ich noch oft begegnen.

Julio warnte mich vor der Gegend hier. Angeblich wurde viel gestohlen, ich solle gut auf meine Sachen aufpassen, meinte er.

Wir waren eine fröhliche Runde und tranken eine Flasche Rotwein.

Ich Ahnungslose nahm die Warnungen Julios nicht allzu ernst. War ich doch schon achtzig Tage unterwegs und bisher nie in Gefahr geraten, bestohlen zu werden!

Nach einem letzten Besuch bei Galipolis ging ich relativ spät schlafen. Im Bett über mir schnarchte ein Italiener fürchterlich laut und ich war erleichtert, dass ich Ohropax mitgenommen hatte. Bei diesem Lärm hätte ich sonst bestimmt kein Auge zugetan! Wäre in dieser Nacht aber gut gewesen ...

Der Föhn, der eben noch so angenehm warm geweht hatte, war einem starken Gewitter gewichen. Davon erwachte ich und wälzte mich unruhig von einer Seite zur anderen in meinem Bett. Galipolis war dem Wetter völlig ausgeliefert und ich hatte deswegen wieder ein schlechtes Gewissen. Es regnete bereits in Strömen und die Temperaturen waren ordentlich gesunken.
Galipolis hustete jetzt ab und zu und ich machte mir Sorgen. Warum hatte ich mich nicht mehr bemüht, einen Stall zu finden? Der Herbergsbetreuer hatte gesagt: „Es gibt keine Ställe hier, keine Reitpferde, nur Schlachtpferde und die stehen alle auf den Weiden!" Ich fand es ja abends gar nicht schlimm, Galipolis bei den angenehmen Temperaturen draußen zu lassen. Aber jetzt, in der Nacht, hatte der Himmel seine Schleusen geöffnet und der Regen prasselte unaufhörlich nieder. Nachdem ich noch mal zu meinem Pferd geschaut hatte, schlief ich endlich ein.

Plötzlich stupste mich jemand an der Schulter und ich hörte Julio flüstern: „Margarita, (so nannten mich die Spanier) steh auf, es ist jemand in der Küche. Sieh nach, ob deine Sachen noch da sind!"
Es war halb zwei Uhr nachts.
Schlaftrunken torkelte ich zu meinen Satteltaschen und kontrollierte deren Inhalt. Ein fremder junger Mann saß auf einem Stuhl im Vorraum neben der Eingangstür. Er hätte hier nur vorm Regen Zuflucht gesucht, dies sei doch eine öffentliche Herberge, stammelte er nervös.
Ich Dumme bemitleidete ihn sogar noch, dachte: „Armer Kerl, hat kein Zuhause."
In meinen Packtaschen war alles da, was hätte er auch daraus stehlen sollen. Nun ja, hatte ich nicht noch eine Packung Kekse gehabt? Aber es wäre mir nicht im Traum eingefallen, ihm wegen einiger Kekse Vorwürfe zu machen. Er hatte gewiss Hunger gehabt, nichts weiter. War ich dumm ...
Julio kontrollierte im Schlafsaal seine Habseligkeiten und stellte erleichtert fest, dass nichts fehlte. Er zeterte noch eine Weile, der

Eindringling möge verschwinden und ging zu Bett.

Da ich nun schon mal wach war, schaute ich zu meinem Pferd. Um ihn machte ich mir viel größere Sorgen als um meine Habseligkeiten. Der Arme stand ruhig und entspannt im Regen. Ich tätschelte ihn und kehrte wieder zurück in die Herberge.

Der Unbekannte war inzwischen verschwunden, ich wollte nicht mehr über ihn nachdenken und ging endlich wieder schlafen.

Draußen in der Dunkelheit bei Galipolis hatte ich die Anwesenheit eines Menschen gespürt, wahrscheinlich war er es gewesen. Ich hatte mich beobachtet gefühlt, aber auch keine Angst gehabt.

Obwohl der Italiener im Bett über mir schon wieder fürchterlich schnarchte, war ich gleich darauf im Land der Träume. Keiner der anderen Pilger schien etwas von dem nächtlichen Besucher bemerkt zu haben.

Morgens gegen Sieben, die Nacht war mir viel zu kurz gewesen, wachte ich auf. Die meisten der übrigen Pilger hatten bereits ihre Betten verlassen und ich hörte sie in der Küche hantieren.

Ich schlüpfte in meine Hose und erstarrte, als sich die daran befestigte Kameratasche so leicht anfühlte. Leer ... meine Kamera mit der vollen Speicherkarte war verschwunden!

Ich wollte es nicht glauben, sah noch in meine Geldbörse und musste feststellen, dass auch mein gesamtes Bargeld weg war!

Das konnte doch nicht wahr sein. Ich schämte mich plötzlich wegen meiner Naivität. Direkt neben meinem Bett auf Kopfhöhe hatte ich meine kleinen Satteltaschen gestellt, darauf abends meine Kleider mitsamt der Bauchtasche gelegt und mir nicht die Mühe gemacht, meine Geldbörse und Kamera sicher zu mir in den Schlafsack zu packen. Ich hatte sie nur zwischen die Kleidung gesteckt!

Wie konnte ich nur so nachlässig sein?

Ich schrie erschrocken und daraufhin kontrollierten auch die anderen ihre Sachen.

Zwei junge Japanerinnen hatten in der oberen Etage eines Stockbettes geschlafen und ihre Kamera in der Innentasche ihrer Jacke zwischen ihnen gehabt. Auch sie war verschwunden.

Ein Kanadier hatte am Fußende seines Bettes seine Videokamera in einem kleinen Koffer verwahrt. Sie war tatsächlich noch da, aber das Geld in einem Seitenfach des Koffers war ebenfalls weg.

Man stelle sich dies mal vor: zwölf Leute schliefen in einem Raum und trotzdem gelang es dem Dieb, zwischen den Schlafenden zu suchen, Reißverschlüsse und Klettverschlüsse zu öffnen und wieder zu schließen, ohne dass jemand aufgewacht war!

Eine junge Französin erinnerte sich nun, sie wäre nachts kurz aufgewacht und hätte das unheimliche Gefühl gehabt, dass jemand im Raum sei, der nicht hierher gehöre... in der Annahme, doch nur geträumt zu haben, war sie aber gleich wieder eingeschlafen.

Julio war bestimmt aufgewacht, als der Fremde gerade seine Sachen durchstöberte. Da sich sein Bett neben der Zimmertür befand, war der Dieb wohl gleich hinausgeschlichen.

Und ich Dumme hatte den Einbrecher noch im Vorraum sitzen gesehen!

Zu diesem Zeitpunkt hatte er bereits unsere Kameras und das Geld unter seiner Jacke verborgen gehabt. Die Videokamera war zu groß gewesen, bestimmt hatte er sie deshalb nicht mitgenommen.

Was wäre passiert, wenn ich gleich in der Nacht den Diebstahl bemerkt hätte? Hätten Julio und ich den Dieb stellen können? Vielleicht hatte er ja auch eine Waffe, ein Messer gehabt? Ich glaube nicht, dass er uns unsere Sachen so ohne weiteres wieder zurück gegeben hätte ...

Aufregung herrschte jetzt unter uns. Julio spielte den Starken, Wissenden: „Ich habe es dir doch gesagt, hier stehlen sie wie die Elstern! Du wolltest mir ja nicht glauben ... das hast du jetzt davon!"

Warum nur hatte er nicht auch die anderen geweckt? Julio hatte nicht wirklich geglaubt, dass der Fremde die Dreistigkeit besitzen würde, im Schlafsaal zu stehlen unter so vielen Menschen.

Die Küche glich einem Schlachtfeld. Der Eindringling hatte anscheinend auch großen Hunger gehabt. Für die meisten von uns gab es daher auch kein Frühstück, aber der Appetit war uns ohnehin vergangen.

Ich wollte es anfangs einfach nicht wahrhaben, dass meine Kamera mit den Fotos der letzten 1.500 Kilometer weg war!

Das Geld und die Kamera waren gar nicht so wichtig, aber die vielen Bilder, die ich daheim herzeigen wollte: „Schaut her, hier war es so wunderschön, da haben wir dieses und jenes erlebt ...!"

Nun war das Erlebte wirklich nur mehr in meinem Gedächtnis, und ich konnte keinem meiner Familie und Freunden zeigen, was ich gesehen und erlebt hatte. Je mehr ich allerdings darüber nachdachte, desto gelassener wurde ich. Was waren schon Fotos? Kein Betrachter würde in ihnen das sehen, was ich dabei empfunden hatte, als ich da war, oder? Ich würde mich an die erlebten Gefühle erinnern, andere nur ein Bild sehen ...

Ich nahm das Geschehene an als eine Lektion, die ich lernen durfte. Dieser Vorfall war nicht so wichtig, um jetzt darüber zu jammern und zu klagen. Vorbei, geschehen und aus.
Nur das, was wir im Herzen haben, ist wichtig, nicht Sachen, die wir sammeln, horten und mit uns herumschleppen.
Der Dieb hatte vielleicht die Aufgabe, mich das zu lehren? Lach ...
Zum Glück hatte ich noch dreißig Euro in einer anderen Tasche und meine Bankomatkarte – Glück gehabt.
Die Mädels aus Japan und ich wurden vom Herbergsbetreuer in den nächsten größeren Ort gebracht, um bei der Guardia Zivil Anzeige zu erstatten. Es war ihm sehr peinlich, dass sowas in seiner Herberge geschehen war.
Aber warum gab es keinen Schlüssel für die Eingangstür?
Endlos dauerte das Ausfüllen der Protokolle auf der Polizeiwache, ich wurde langsam nervös. Es hatte nämlich wieder heftig zu regnen begonnen und mein Pferd war noch immer draußen. Ich hatte ihn morgens wieder auf die Wiese gebracht, wo er nun unbeaufsichtigt an einem langen Seil angebunden war. So konnte er zwar fressen, aber ich hatte jetzt Angst, er könnte sich verletzten oder sich losreißen. Immerhin saßen wir hier bereits seit beinahe zwei Stunden.
Ich wusste sowieso, dass wir unsere Sachen nicht mehr zurück bekommen würden und empfand die ganze Prozedur bei der Polizei als Zeitverschwendung.

War ich erleichtert, als ich endlich bei meinem Galipolis zurück war.
Jetzt hatte ich es sehr eilig, von hier weg zu kommen. Der Wind wehte fürchterlich und es begann wieder leicht zu regnen – scheußlich – passte aber vollkommen zu meiner Stimmung!
Ich sattelte Galipolis und war froh, diesen Ort endlich zu verlassen.
So schön hatte ich bis jetzt das Baskenland gefunden, aber jetzt war ich enttäuscht. Die schwierige Quartiersuche, das Gefühl,

mit meinem Pferd nirgends willkommen zu sein und nun dieser Diebstahl. Ich war traurig und wollte nur noch weg hier.

Die Wege waren durch den vielen Regen sehr rutschig und ausgeschwemmt, sodass wir nur langsam voran kamen. Und es regnete immer noch.

Galipolis zeigte nur Interesse für das Gras am Wegesrand, aber bei diesem Wetter wollte ich keine längeren Pausen machen.

In den letzten Tagen war sein Speiseplan eintönig gewesen. Außer Gras hatte es nichts gegeben, dadurch war er ständig hungrig.

Ich hoffte, bald Gerste oder Hafer besorgen zu können. Mein Pferd brauchte wieder dringend richtiges Kraftfutter. Er machte aber einen guten Eindruck und hatte bis jetzt kaum Gewicht verloren. Allerdings so wohlgenährt wie vor einigen Wochen war er nicht mehr. Die letzte Woche hatte einiges seiner Reserven verbraucht.

Der Wind hier blies fast unerträglich und die Kälte kroch bis in mein Innerstes.

Bis Pamplona waren es nur etwa fünfzehn Kilometer und ich wollte irgendwo in der Nähe der Stadt eine Unterkunft suchen. Ich beschloss, zum Touristenbüro in die Altstadt zu pilgern.

Wie in Ritterszeiten überquerten mein Ross und ich den Burggraben über eine imposante alte Fallbrücke.

Ich war trotz des widrigen Wetters begeistert von dieser Stadt. Das Touristenbüro hatte zwar geschlossen, aber ich bekam Auskunft in der öffentlichen Bibliothek.

Eine Angestellte kannte jemanden, der seinerseits einen Viehhändler kannte, dessen Hof vor den Toren der Stadt lag. Nach einigen Versuchen war dessen Telefonnummer gefunden, aber leider niemand erreichbar.

Ich wollte trotzdem dort mein Glück versuchen, Galipolis brauchte dringend wieder einmal einen trockenen Stall und gutes Futter.

Als ich die Bibliothek verließ, hatte sich eine Schar Menschen um mein Pferd versammelt. Einigen tat er leid, weil er hier bei Wind und Regen stand und andere schimpften, weil er die Rinde des jungen Baumes beknabbert hatte, an dem er angebunden war.

Wir mussten ungefähr einen Kilometer zurückgehen. Davor irrten wir noch im Wirrwarr der zahllosen engen Gassen der Altstadt herum.

Wo waren bloß die gelben Pfeile unseres Weges geblieben?
Meine Nerven waren überbeansprucht – die Erlebnisse der letzten Tage, das trostlose Wetter, Galis Husten – ich war vollkommen erschöpft!

Endlich fanden wir den Hof des Viehhändlers. Ich hatte ihn zuvor schon aus der Ferne gesehen, bevor wir die Altstadt betreten hatten, schoss es mir durch den Kopf. Meine Intuition hatte mir da bereits gezwitschert, dass hier ein guter Platz sei …
Ich läutete an der Tür und hoffte inständig, dass man uns aufnehmen würde.
Ein kleiner Junge von etwa acht Jahren öffnete uns und kümmerte sich von da an lieb um uns. Seine Eltern waren momentan nicht zu Hause, nur seine Brüder, er und eine Hausangestellte.
Ich konnte Galipolis einstweilen unter Dach trocken und wind-geschützt absatteln und der süße Knirps brachte ihm sofort Heu und Gerstenschrot.
Hinter dem Wohngebäude warteten in großen Laufställen unzählige Rinder und auch Pferde auf ihren letzten Gang zum Schlachter …
Einige imposante Andalusier bewohnten hingegen geräumige und gut eingestreute Pferdeboxen. Das waren die Reitpferde der Familie, ihnen blieb das Los der anderen zumindest einstweilen erspart.
Das Pony des Buben musste ich natürlich auch bewundern, ein uraltes, mageres Tier mit leerem Blick. Das Herz tat mir weh bei seinem Anblick. Wahrscheinlich hatte der Junge ihn vom Schlachten gerettet, zumindestens bis er ein größeres und fitteres reiten konnte, nahm ich an. Außerdem war es in einem dunklen Stall untergebracht, in dem nachts auch eine kleine Herde Miniponys, ein Eselhengst und die daraus entstandenen süßen Mulifohlen lebten.
Nach einer Weile kam die Mutter des Jungen nach Hause. Galipolis durfte bleiben und ich war erleichtert …
Er kam in einen Stall zu fünf riesigen Bullen. Er hatte zwar nur einen Anbindeplatz für die Nacht, aber dieser war breit und dick mit Stroh eingestreut. Mein Pferd wirkte winzig neben seinen Nachbarn mit den mächtigen Schädeln und den furchteinflössenden Hörnern.
Als Galipolis dann zufrieden sein Gemisch aus Strohhäcksel und Gerstenschrot kaute, steckte ein Stier seinen Kopf durch die Abtrennung und mein Pferd teilte sein Futter freundlich mit ihm.

Um seinen Husten zu lindern, bekam Galipolis von meinem Gastgeber Luis ein Antibiotikum in den Halsmuskel injiziert. Mir behagte das zwar nicht sonderlich, war er doch kein Tierarzt, nur Viehhändler, aber letztendlich vertraute ich dem Mann.

Später erfuhr ich, dass in Spanien jeder Tierbesitzer Medikamente für sie in Apotheken kaufen kann und es normal war, dass man auch Injektionen selber vornimmt. Ich hatte daheim meinen Pferden ja auch schon selber Spritzen verabreicht, allerdings musste ich meinen Tierarzt nach einer Einschulung erst davon überzeugen, dass ich das auch richtig machte.

Jetzt war ich an der Reihe: ich bekam heißen, köstlichen Tee und Gebäck serviert und ich freute mich, als mir ein Bett im Haus nebenan angeboten wurde. Dieses Gebäude befand sich zwar gerade im Umbau, hatte deswegen weder Heizung noch sanitäre Anlagen, aber ich war zufrieden. Ich durfte die Dusche und Toiletten der Familie benutzen.

Später holte mich die Tochter der Familie zum Abendessen, ich war sehr dankbar für diese Gastfreundschaft. Hatte gar nicht damit gerechnet und war schon fast eingeschlafen.

Wir waren willkommen – das tat gerade nach den letzten Tagen so gut!

Der Viehhändler rief später einen alten Freund aus Estella an. Estella lag auf dem Jakobsweg und der Freund würde uns in zwei Tagen aufnehmen. Dort würde auch ein Hufschmied sein, was auch dringendst notwendig war. Die Hufeisen waren nur noch einige Millimeter dünn …

Ich schlief herrlich in meinem weichen Bett unter drei bis vier Decken und langsam wich die Feuchtigkeit und Kälte aus meinem Körper.

Nun stand die Durchquerung von Pamplona, der Stadt der Stiere, bevor!

Die Stadt am Rio Arga zu umgehen, wäre schwierig und langwierig, erklärte Luis. Also entschloss ich mich, den gekennzeichneten Weg mitten durch das Zentrum zu wagen. Auf meiner Karte konnte ich keine zufriedenstellende Alternative erkennen.

Galipolis war wie immer vollkommen ruhig und nahm auch Überquerungen von mehrspurigen Straßen oder überfüllte Fußgängerzonen ganz gelassen und wie selbstverständlich hin.

Nur manchmal, beim Anblick seines eigenen Spiegelbildes in Schaufenstern, wieherte er aufgeregt. Er vermutete einen Artgenossen hinter dem Glas ...

Ungläubige Blicke folgten uns und immer wieder sprachen mich Menschen an, die wohl überrascht waren, hier im verkehrsreichen Trubel eine Reiterin mit vollbepacktem Pferd anzutreffen.

Doch plötzlich wurde mein Ritt abrupt gestoppt vom Pfiff eines Polizisten!

Ich verhielt mich, als hätte ich nichts gehört oder betreffe es uns bestimmt nicht. Aber natürlich wusste ich sofort, dass wir gemeint waren.

Der Gesetzeshüter folgte uns und hielt uns an. „Das Reiten hier in Pamplona ist verboten!", meinte er bestimmt.

Nur, wir waren nun mal schon mitten drin, also mussten wir irgendwie auch wieder hier raus kommen. Ich erklärte ihm, dass ich unterwegs nach Santiago de Compostela sei und dem Jakobsweg folge. Und ich ging zu Fuß und führte mein Pferd, also war ich kein Reiter ... Doch er ließ sich nicht auf eine Diskussion ein, und mich auch nicht weiter ziehen, sondern forderte über Funk Verstärkung an.

Ich ärgerte mich, denn allzu weit wäre es bis zum Universitätsgelände laut meiner Stadtkarte nicht mehr gewesen. Ab da begann ja schon ein ruhigeres Randgebiet der Stadt. Wir hatten es doch beinahe geschafft!

Aber ich durfte nicht weiter. Unmöglich, mit einem Pferd durch Fußgängerzonen und über Gehsteige zu marschieren – meinte der Polizist streng – viel zu gefährlich!

Mir erschien es weit aus gefährlicher bei dem Verkehr, auf die Fahrbahn auszuweichen.

Galipolis hatte mit alldem kein Problem. Nach über 2.000 Kilometer brachte ihn kaum mehr etwas aus der Ruhe. Ich wählte einen Weg und er marschierte voller Vertrauen und Selbstverständlichkeit mit! Zwei Kollegen des Polizisten kamen kurz darauf und wir mussten dem Einsatzfahrzeug folgen. Sie wollten mich auf ruhigeren Straßen mit weniger Verkehrsaufkommen aus der Stadt hinausbegleiten.

Fast eine halbe Stunde dauerte dies und war eigentlich lustig. Mitten auf der Straße trabte ich hinter dem Polizeiwagen mit Blaulicht und fühlte mich fast wie eine wichtige Person unter Polizeischutz. Den gaffenden Leuten ringsum schenkte ich ein Lächeln.

Als wir endlich den Stadtrand erreicht hatten, war ich dennoch erleichtert. Galipolis wurde langsam müde vom langen Traben über die Asphaltstraßen. Er war nicht so fit wie gewohnt.

Die Polizisten verabschiedeten sich und wünschten uns alles Gute. Sie waren eigentlich sehr bemüht und freundlich, trotzdem wären wir schneller gewesen, wenn wir unseren Weg mitten durch die Innenstadt fortsetzen hätten dürfen.

Wieder begann es leicht zu regnen. Ich setzte meinen Weg zu Fuß fort und führte den schwitzenden Galipolis. Er war nicht ganz in Ordnung, das wusste ich jetzt, so schnell ermüdete mein Pferd normalerweise nicht.

Über die Sierra de Perdon blies ein fürchterlicher Wind, unzählige riesige Windräder störten hier das Landschaftsbild, erzeugten aber anderseits umweltfreundlich Energie. Der Lärm war unerträglich und sogar Galipolis wurde davon nervös.

Hier oben hatte ich eine grandiose Aussicht. Im kargen, baumarmen und öden Tal hinter mir lag Pamplona, am Horizont konnte ich sogar noch die Berge der Pyrenäen erkennen. Vor mir erstreckte sich Navarra, eine endlos weite, flache Landschaft. Ein letzter dankbarer Blick zurück – und wieder ging es abwärts über Geröll, mitten durch eine Gruppe freilaufender, neugieriger Ponys, die ich lautstark vertreiben musste.

Galipolis wäre es lieber gewesen, wenn sie mitgekommen wären …

Unsere nächste Station war Obanos, kurz vor Puente de la Reina. Ich hatte gehört, hier gebe es einen Pferdebesitzer. Den wollte ich finden. Bald schon hatte ich mich durchgefragt und ein junger, gutaussehender Mann holte uns vom Marktplatz ab und geleitete uns zu seinem Stall. Galipolis bekam einen schönen Stall mit Auslauf und viel gutes Futter. War mein Kamerad gut versorgt, ging es auch mir gut.

Ich war erleichtert, und nach seinem Wohlfühlprogramm – putzen, Massage und Streicheleinheiten – wollte ich für mich ein Quartier suchen.

Mein Ziel war eine kleine Privatherberge in der Nähe, da die Pilgerherberge schon geschlossen war.

Zufällig war dies die Pension der Mutter des Stallbesitzers. Er brachte mich gleich in seinem Wagen hin und ich konnte die folgende Nacht in einem warmen, gepflegten Haus verbringen.

Der nächste Tag war ein Tag mit einigen nennenswerten Begegnungen.

Wir kamen nach Puenta de la Reina. Unser Weg führte an einer Pilgerherberge vorbei und wir wurden durch Rufe gestoppt: „Margarita and Galipolis?" rief uns fragend ein kleiner, lustiger Mann zu.

Er stellte sich als Isaak vor, Italiener mit Wurzeln in Israel und er hätte bereits von anderen Pilgern von uns gehört und uns daher sofort erkannt. Er wusste sogar, dass mein Pferd hustete ...

Er gab vor, Tierarzt zu sein, worüber ich mich sehr freute, ihn kennen zu lernen. Nach seiner oberflächlichen Untersuchung mit dem Ratschlag, Galipolis Knoblauch zu füttern, war ich mir aber nicht mehr sicher, ob Isaak nur vorgab, etwas zu sein, dass nicht ganz der Wahrheit entsprach ... obwohl natürlich Knoblauch ein gutes Hausmittel ist. Ob die Behandlung nur damit ausreichend sein würde, bezweifelte ich allerdings.

Isaak lud mich zu einem Kaffee in die Herberge ein. Galipolis durfte einstweilen in einem kleinen Park grasen. Der Italiener sprach einwandfreies Deutsch und war ein exzellenter Geschichtenerzähler. So erfuhr ich in kürzester Zeit seine abenteuerliche Lebensgeschichte. Einiges davon empfand ich zwar als eher unglaubwürdig, aber zumindest doch sehr unterhaltsam!

Ich hatte auch schnell gemerkt, dass Isaak der Mann war, von dem mir der Schweizer Cermi vor ungefähr sechs Wochen erzählt hatte! Er war der Pilger, der 10.000 Kilometer zu Fuß unterwegs war, um ein Versprechen einzulösen. Seine Frau hatte, Jahre nachdem ihr Sohn gestorben war, ein Baby zur Welt gebracht, obwohl die Ärzte behauptet hatten, dies sei nicht mehr möglich. Sollte er nochmals einen Sohn haben, würde er 10.000 Kilometer zu Fuß pilgern, hatte Isaak geschworen! Darum war er seit zwei Jahren unterwegs.

Das machte mich nachdenklich. Ob es nicht besser wäre, er wäre zuhause bei seiner Familie um seine Frau zu unterstützten und seinen Sohn aufwachsen zu sehen ...?

Unser Gespräch hatte ein großer, dünner Mann mit langen, grauen Haaren und Vollbart verfolgt. Als ich mich von Isaak verabschiedete, sprach er mich an und fragte, ob ich auch deutsch spreche. Er hatte uns doch gehört!?

Er war Deutscher und Druide auf der Durchreise. Hier im Norden Spaniens gab es zahlreiche alte, keltische Energieplätze, die er aufsuchte.

Falls ich es erlaube, wolle er meinem Pferd helfen, meinte er.

Für jede Hilfe dankbar, willigte ich ein. Er mischte in seinem alten, bemalten VW-Bus ätherische Öle, die er anschließend noch „kosmisch bestrahlen" ließ. Während dies geschah, führten wir sehr interessante Gespräche. Seine Menschenkenntnis oder Hellsichtigkeit beeindruckten mich, da er meine Gedanken zu lesen vermochte.

Als er mir das Fläschchen mit wunderbar riechendem Öl überreichte, tat er dies mit den Worten: „Auch du solltest deinen Brustkorb und Rücken täglich damit einreiben, denn ich sehe, du hast ebenfalls große Probleme mit der Atmung!"

Wie hatte er das wissen können? Momentan ging es mir doch ganz gut und ich atmete weder flach oder hastig! Ich fühlte mich von diesem Mann regelrecht durchschaut.

Wir seien uns in einem früheren Leben schon mal begegnet, nämlich in Atlantis, sagte er und es wäre ihm eine Ehre gewesen, mich hier zu treffen ...

Damals wäre ich ein grausamer Herrscher gewesen, darum hätte ich in meinem jetzigen Leben einige leidvolle Aufgaben ...

Hmm – wer weiß?

Er riet mir anschließend, unbedingt die Kirche Eunate zu besuchen, da dies ein wichtiger spiritueller Ort sei und ihm gesagt wurde, ich müsse dort hin ...

Da wir aber schon einige Kilometer daran vorbei waren und es jetzt wieder zu regnen begann, entschied ich, weiter zu ziehen. Und so würde ich nie erfahren, ob Eunate mein Leben verändert hätte, überlegte ich sinnierend.

Diese zwei Begegnungen hatten mich aufgeheitert, der Druide auch etwas nachdenklich gemacht.

Puenta de la Reina war ein schöner Ort. Die gleichnamige, über hundert Meter lange Bogenbrücke über den Fluss Arga machte seinen Namen – Brücke der Königin – alle Ehre und wurde sogar im 11. Jahrhundert von einer Königin für die Jakobspilger errichtet, um ihnen eine sichere Überquerung des Flusses zu ermöglichen.

Wie war es wohl damals auf Pilgerschaft? Allein der Gedanke an all die nicht vorhersehbaren Schwierigkeiten in dieser Zeit ... plötzlich erschien mir meine eigene Pilgerreise als reiner Spaziergang.

Lach ...

Vor Estella traf ich nach langer Zeit wieder auf einen deutschen Pilger. Olaf war in St.-Jean-Pied-de-Port aufgebrochen und wollte in drei Wochen bis Leon gehen.

Am Stadteingang, direkt am Jakobsweg, fand ich gleich den Stall von Pablo Mendoza. Er war der Freund vom Viehhändler Luis aus Pamplona und hieß uns gastfreundlich willkommen. Allerdings nur, weil sein Freund ihn gebeten hatte, normalerweise lasse er keine Fremden seinen Stall betreten, erwähnte er beiläufig.

Pablo war der Vater des seit Jahren angeblich weltbesten Stierkämpfers. Sein Sohn besaß einen eigenen Stall mit über hundert P.R.E.s (pura raza espaniola – die reine spanische Rasse), erzählte er. Stolz zeigte er mir Fotos von Stierkämpfen zu Pferd seines berühmten Sohnes. Mich machte das eher traurig. Aber das verschwieg ich lieber.

Der Hufschmied wurde informiert und dieser wollte am nächsten Morgen verlässlich kommen.

Wieder war mir der heilige Jakob wohlgesonnen, dachte ich, denn die städtische Herberge lag nur ungefähr hundert Meter entfernt vom Stall. Ich betrat ein helles, freundliches Gebäude. Leider hatte man den jetzt zahlreichen Pilgern nur zwei Schlafsäle zugewiesen, um die restlichen sauber zu halten. Ich war leicht geschockt, als ich den engen Raum mit vierzehn Stockbetten betrat. Hier würde ich heute Nacht schlafen. Zu meiner Freude war zumindest eine weibliche Pilgerin unter all den Männern. Ich war gewohnt, meist alleine zu schlafen, daher musste ich mich erst wieder daran gewöhnen, mit so vielen Menschen auf derart engem Raum zu sein. Ich traf hier aber auch Bekannte wieder – Valentin, Andreas und Olaf. Gemeinsam mit Andreas und der ebenfalls aus Deutschland kommenden Frau besuchte ich die Kirche, um der feierlichen Messe für uns Pilger beizuwohnen. Meine letzte Pilgermesse war in Conque in Frankreich gewesen und das lag gefühlsmäßig Ewigkeiten zurück.

Danach beschlossen Andreas und ich, noch eine Weile durch die Kleinstadt zu ziehen und irgendwo zu Abend zu essen.

Die ganze Stadt schien auf den Beinen zu sein, es war Samstag, die Geschäfte hatten lange geöffnet und der Marktplatz war überfüllt mit Menschen. Ich kaufte mir endlich eine neue Digitalkamera, um wenigstens noch vom restlichen Weg Fotos machen zu können.

Wir fanden ein nettes Restaurant und bestellten ein Pilgermenü – bei Vorzeige des Pilgerpasses zum ermäßigten Preis – und genehmigten uns ein Fläschchen Wein, der zu unserer Freude im Preis inbegriffen war. So verbrachten wir einen lustigen Abend.

Unser Problem danach: wie kamen wir bloß wieder in die bereits seit 22 Uhr versperrte Herberge?

Zum Glück war der hier Angestellte noch wach. Wir wurden zwar getadelt für unser Zuspätkommen kurz vor Mitternacht, aber unsere Entschuldigung besänftigte ihn. Die Hausordnung hätten wir beide übersehen ...

Ich aber war froh, denn die Nacht mit den vielen schnarchenden Zimmerkollegen dauerte jetzt nicht mehr so lange.

Der Hufschmied kam tatsächlich pünktlich. Damit hatte ich insgeheim gar nicht gerechnet!

Ich konnte allerdings bei seiner Arbeit kaum zusehen. Ruck-Zuck, ohne viel raspeln, oder das Eisen richtig anzupassen. Da ich aber keine Wahl hatte und froh war, überhaupt jemanden gefunden zu haben, sah ich darüber hinweg. Ich würde in ungefähr drei Wochen in Santiago sein und bis dahin würde mein Pferd den Beschlag hoffentlich behalten und gut laufen können. Mehr konnte ich nicht erwarten – andere Länder, andere Gebräuche ...

Leider kam heute noch eine Sorge dazu, denn Galis linkes Hinterbein war dick geschwollen. Eine kleine, unscheinbare Wunde in der Fesselbeuge hatte sich entzündet. Zwar hatte ich sie schon vor zwei Tagen bemerkt, desinfiziert und mit einer passenden Salbe behandelt, aber trotzdem fühlte sich das Bein heiß an.

Ich wusste auch mit ziemlicher Sicherheit, woher die Verletzung stammte. An jenem unglücklichen Tag, als mir die Kamera gestohlen wurde, war er wahrscheinlich mit dem Hinterbein im Seil hängen geblieben und hatte sich die Verletzung zugezogen. Er war zu lange unbeaufsichtigt gewesen, als ich bei der Polizei die Diebstahls-Anzeige gemacht hatte ...

Die Fesselbeuge und die Wunde sahen jedenfalls aus, als hätte ihn das Seil eingeschnürt.

Nach getaner Arbeit fuhr der Hufschmied mit mir zu einer tierärztlichen Apotheke. Ich war froh, dass man hier alle Medikamente für Tiere ohne Verschreibung bekam und kaufte Antibiotikum und Vitaminpräparate.

Der Schmied spritzte meinem Pferd das Antibiotikum intravenös – das hätte ich selber nicht gemacht ... In den nächsten Tagen würde ich das Mittel in Pulverform im Futter weitergeben. Ich hoffte, damit die Infektion in der Fesselbeuge und gleichzeitig seinen Husten heilen zu können.

Denn angeblich sollte dieses Antibiotikum auch seinen Husten in den Griff bekommen. Ich war etwas skeptisch, schob den Gedanken aber lieber gleich zur Seite und dankte stattdessen dem Universum für die Hilfe.

Beim Aufbruch regnete es schon wieder. Wie könnte es auch anders sein ... Langsam ödete mich das Wetter an. Gefühlte Wochen schon vermisste ich die Sonne und mein gesamtes Hab und Gut in den Packtaschen war kaum noch trocken zu halten. Leider lösten sich die angeblich wasserdichten Satteltaschen langsam auf und ich musste meine Kleidung und auch alles andere in extra Plastiktaschen verstauen ...

Aber ich hatte auch gelernt, mich nicht über Dinge zu ärgern, die ich momentan sowieso nicht ändern konnte.

Die gut beschilderten Jakobswege waren perfekt als Reitwege geeignet und die Landschaft war auch unter der dicken Wolkendecke bezaubernd. Schön war es hier, nach meinen anfänglich weniger guten Erlebnissen in diesem Land kehrte meine Faszination für Spanien, die ich schon immer gehabt hatte, allmählich wieder zurück.

In Los Arcos fand ich eine unter österreichischer Führung stehende Pilgerherberge. Leider war sie voll belegt, als wir dort ankamen, und es gab auch keinen Stall hier mitten im Ort.

Nachdem ich von einem Haus zum nächsten geschickt wurde, fand ich nach einer Stunde Herumirren im nächsten Dorf doch einen Bauern, der Platz hatte für Galipolis.

Mein Pferd bekam eine riesige, wenn auch fensterlose, dunkle Box und nur nach zähen Verhandlungen auch genug zu fressen. Der Besitzer war Pferdehändler, die meisten Tiere wanderten leider direkt zum Schlachter. Obwohl ich für die Unterbringung meines Pferdes das Doppelte bezahlte als später für meine Unterkunft, musste ich mich ordentlich durchsetzten, um auch Futter zu bekommen. Die Bäuerin war sehr unfreundlich: „Wenn dir was nicht passt, kannst du dein Pferd ja im Regen stehen lassen!" meinte sie barsch.

Außerdem habe jemand, der so weit mit dem Pferd reise, bestimmt eine Menge Geld, sagte sie noch! Sah ich so aus, als hätte ich das?

Ich ärgerte mich, aber Galipolis stand windgeschützt im Trockenem, das war das einzig Wichtige!

An Regentagen wie diesem marschierte ich neben meinem Pferd. Das brachte etwas Wärme in meinen Körper und entlastete meinen Partner. Weil Galipolis ja etwas angeschlagen war, bekam er den Woilach plus eine Plastikplane über den Rücken – das musste genügen als Regendecke ...

Und wieder gab es eine kleine private Herberge ein paar hundert Meter vom Stall entfernt. Eine kleine, bescheidene Unterkunft, doch brauchte ich mehr? Nein! Kochgelegenheit gab es nur in der Garage, aber im Zimmer stand ein Holzofen, der bereits die ersehnte Wärme verströmte.

Nach mir kamen dann noch Isaak, der Geschichtenerzähler und noch ein paar andere junge Pilger.

Wir legten ein paar Euros zusammen, Isaak kaufte Lebensmittel ein und kochte fantastische Spagetti, dazu tranken wir Bier und Wein und bald wurde viel gelacht.

Die Erzählungen dieses kleinen, sprachbegabten Mannes würden ein eigenes Buch füllen. Einiges mag bestimmt der Wahrheit entsprochen haben, immerhin zeigte er mir seine Pilgerpässe, denen zufolge er tatsächlich schon sehr lange und weit unterwegs war.

Abende wie diese ließen mich die Herausforderungen des Tages schnell vergessen. Galipolis erging es hoffentlich ähnlich während er sich den Bauch vollschlug!

Da ich bei Regen tagsüber nur kurze Pausen einlegte und nicht wie früher absatteln und wir zwei Stunden auf einer Wiese verbringen konnten, war es mir sehr wichtig, dass Galipolis abends viel Futter bekam. So konnte er nachts beziehungsweise frühmorgens entspannt fressen. Als Steppentiere wollen Pferde bis zu sechzehn Stunden pro Tag grasen ... dieses Bedürfnis will auch auf einem Wanderritt erfüllt werden.

Wann würde endlich der Regen aufhören?
Morgens mussten wir wieder bei scheußlichem Wetter losziehen und so blieb es dann auch den ganzen, langen Tag. Wir kamen deshalb nur bis ins kleine Städtchen Viana, hübsch gelegen auf einem Hügel. Ich wollte und konnte einfach nicht mehr weiter. War Galipolis gestern wieder ziemlich frisch und flott unterwegs gewesen, so schien er heute gar keine Lust zu haben, noch weiter zu laufen. Zum Glück war Galis Bein durch die Bewegung schnell wieder abgeschwollen und er zeigte zu meiner Erleichterung keinerlei Anzeichen von Lahmheit.
In Viana gab es eine öffentliche Herberge, gleich nebenan lagen die Ruinen der Kirche San Pedro.
Einige Mauerreste und drei überdachte Seitenschiffe ließen erahnen, dass hier vor Jahrhunderten eine imposante Kirche gestanden hatte. Eine Polizistin sperrte die Herberge für mich und einige andere Pilger auf, wollte mich allerdings wegen meinem Pferd wegschicken. Ich hatte mit den anderen bereits zwanzig Minuten gewartet, die Ruinen schon als mögliches trockenes und windgeschütztes Nachtquartier für Galipolis inspiziert und wollte mich jetzt nicht so einfach vertreiben lassen.
Erst nach eindringlichem Bitten, unterstützt von meinen Mitpilgern, willigte die Gesetzeshüterin ein, dass Galipolis die Nacht bleiben durfte. Ich musste nur versprechen, alle Hinterlassenschaften meines Pferdes wegzuräumen ... Welch Erleichterung!
Der nächste Ort – Logrono – wäre neun Kilometer entfernt gewesen, und eine Stadt mit 150.000 Einwohnern. Dort Unterkunft zu finden für uns beide wäre wohl noch schwieriger geworden. Heute wollte ich ganz bestimmt nicht wieder in der Dunkelheit irgendwo ankommen, ohne zu wissen, wo wir übernachten konnten – nicht bei diesem Regen.
Unser heutiger Schlafplatz war gesichert – jetzt musste ich noch auf Futtersuche gehen ... Leider hatte mir der geizige Bauer in Los Arcos kein Getreide verkaufen wollen. Ob es hier irgendwo Heu gab?
In Viana gäbe es keine Bauern, meinte die Polizistin, außerdem sei Sonntag und da treffe man kaum Leute zu Hause an.

Als es kurz aufhörte zu regnen, suchte ich für Galipolis einen Platz zum Grasen. Den fand ich bald am Ortsrand zwischen Rohbauten. Der Regen machte allerdings nicht lange Pause und ich brachte ihn nach einer halben Stunde wieder zurück unter das schützende Dach. Später riss ich dort mit bloßen Händen große Mengen von langstieligem Gras aus und in einer achtlos weggeworfenen Plastikplane schnürte ich es zu einem Bündel, das ich mühsam zu meinem Pferd schleppte.

Was dachten wohl die Leute, die mein eigenartiges Tun hinter ihren Fenstern beobachteten?

Ich bot bestimmt ein eigenartiges Bild – ich im Regen mit diesem riesigen gelben Plastikbündel über den Schultern ... Aber das war mir egal. Mein Pferd hatte Hunger! Ich ging danach sogar noch in ein Restaurant, um nach altem, hartem Brot zu fragen, leider ohne Erfolg. Nicht mal Haferflocken, Karotten oder Äpfel konnte ich kaufen, da sonntags alle Läden geschlossen hatten.

Nachdem ich mich überzeugt hatte, dass mein Pferd gut zugedeckt und versorgt unter dem schützenden Dach sicher war, bezog ich endlich müde und vollkommen durchnässt meine Herberge.

Ich war hier alleine unter zehn Männern, aber das machte mir nichts mehr aus. Zumindest hatte ich eigene sanitäre Anlagen und ich ließ lange heißes Wasser über meinen halb gefrorenen Körper laufen. Hier würde mich wenigstens kein Fremder beim Duschen überraschen wie ich es in Estella erlebt hatte ...

Auch Isaak und seine jungen Pilgerfreunde kamen später dazu. Da Isaaks Hund nicht in die Herberge durfte, schlief sein Herrchen kurzerhand bei ihm auf dem Boden der engen Garderobe.

Der Platz vor der Ruine war angeblich ein beliebter Treffpunkt der Jugend. Ich fürchtete, jemand könnte Galipolis belästigen und schaute nachts zweimal zu ihm. Bei diesem Wetter störte zum Glück niemand seine Nachtruhe. Leider musste er auf blankem Betonboden stehen und konnte sich nicht in einem weichen Strohlager erholen.

Die Herberge war nahe, sodass ich ihn nachts zwar nicht sehen, aber schnauben hören konnte. Das zumindest gab mir ein gutes Gefühl.

Die Durchquerung Logronos gelang uns leichter als gedacht.

Isaak hatte mich gewarnt, diese Stadt sei fast so herausfordernd zu durchqueren wie Pamplona. Angeblich war er mit Frau und Sohn vor neun Jahren von Italien nach Santiago geritten und hatte hier mit Schwierigkeiten zu kämpfen gehabt.

Ich aber verließ den Jakobsweg gleich am Stadtrand beim Parque Ebro und folgte dem Fluss bis zum nächsten Park namens Parque San Miguel. So blieb uns zum Glück nur eine relativ kurze Strecke durch verkehrsreiche laute Straßen der Stadt. Ausnahmsweise regnete es mal nicht und es war höchste Zeit für eine ausgiebige Mittagsrast. Die nächste Bank am Weg wurde mein Ruheplätzchen – Galipolis zufrieden grasend nah bei mir.

Die Stille hier empfand ich als etwas Wunderbares. Wie konnten so viele Menschen ihr Leben lang in einer Großstadt leben? Für mich unbegreiflich. Ich brauchte die Natur, um in Kontakt mit mir und allem um mich herum zu sein.

Ab und zu ein Vogelzwitschern und sonst nur das Kauen meines zufriedenen Pferdes – ich war dankbar und fühlte mich gesegnet, diese Reise erleben zu dürfen.

In Navarette erkundigte ich mich gleich beim Ortseingang nach einer Unterkunft. Ich wollte endlich wieder einen Ruhetag einlegen und dafür einen richtig guten Pferdestall für Galipolis finden.

Meine Freude war groß! Nach einigem Herumirren entdeckte ich endlich den von Passanten beschriebenen Reiterhof von Juan Manuel und Katharina auf einer Anhöhe.

Katharina war in der Schweiz aufgewachsen und hier hängen geblieben, als sie vor beinahe zwanzig Jahren von Portugal in die Schweiz reiten wollte, sich hier in Juan Manuel verliebte und blieb.

Ich bekam ein Zimmer und wäre gerne gleich länger geblieben. Aber auch sie hatten keinen Stall für Galipolis. Die eigenen Pferde lebten in einem großen Offenstall und für einen fremden Hengst blieb leider nur eine Koppel mit einem kleinen Unterstand, durch den der Wind durchblies.

Katharina kannte einen auf Pferde spezialisierten Tierarzt, der abends vorbeischaute und Galipolis endlich gründlich untersuchte. Er meinte, es sei nur eine leichte Entzündung des Kehlkopfes, Lunge und Bronchien seinen vollkommen in Ordnung. Er spritzte Antibiotikum (schon wieder) und gab mir auch für die nächsten Tage

Injektionen mit. Ansonsten lobte er den guten Allgemeinzustand meines Pferdes. Er hätte noch kein Pilgerpferd gesehen, dass so gut ausgesehen hatte. Dieses Lob beruhigte mich sehr, hatte ich doch in den letzten Tagen ständig ein schlechtes Gewissen meinem Pferd gegenüber: wegen des Wetters, dem Futter, den üblen Nachtquartieren oder dem ständigen Aufschub des versprochenen Ruhetages …

Wie konnte es auch anders sein, der nächste Tag schenkte uns wieder Regen, Regen und nochmals Regen!
Den ganzen Tag lang zogen mein Pferdekumpel und ich bei Gegenwind westwärts. Lustlos, nass und müde erreichten wir den kleinen Ort Azofra.
Die kleine Herberge direkt neben der Kirche wurde von einer alten, sehr mütterlich besorgten Frau betreut. Sie war um die Pilger bemüht, als wären es ihre eigenen Kinder und gab mir das Gefühl, wirklich willkommen zu sein.
Aufgeregt und hilfsbereit telefonierte sie mit Bekannten, um für Galipolis einen Stall zu finden, leider ohne Erfolg. So brachten wir ihn unter das große Vordach eines Hauses in der Nähe, wo ich ihn an einem Fenstergitter band. Hier würde sein Nachtquartier sein – wenigstens trocken und windgeschützt. Man wird bescheiden …
Vom Nachbarhaus aus beobachtete uns ein alter Mann und überraschte mich kurz darauf mit einem Ballen duftendem Alfalfa-Luzernenheu.
Von Katharina und Juan Manuel hatte ich noch Pferdemüsli und so konnte mein Kamerad wieder nach Herzenslust fressen!
Ich war erleichtert, als der hilfsbereite alte Mann versprach, auch nachts auf Galipolis aufzupassen. Er wohne ja im Haus gegenüber und könne ihn vom Schlafzimmerfenster aus beobachten.

In der Herberge hatten sich bereits einige Pilger um den einzigen Ofen versammelt. Der Raum war voller nasser Kleidung, die überall irgendwo zum Trocknen um die Wärmequelle hing und einen unangenehmen Duft verströmten. Ich lernte neue kennen und traf meine Zimmergenossin aus Estella wieder. Nach der ungemütlichen feuchten Kälte draußen war es hier natürlich himmlisch und der Geruch unbedeutend. Was brauchte ich denn schon? Einen warmen Ofen und etwas Heißes im Magen!

Obwohl auch am nächsten Tag keine Wetterbesserung in Sicht war, kamen wir gut voran.

Das Antibiotikum schien zu wirken und Galipolis hustete heute kein einziges Mal. Hoffnung keimte in mir, dass er seine Kehlkopfentzündung trotz der Feuchtigkeit und Kälte gut überstehen würde.

Die Wege waren nun sandig und führten durch nur leicht hügeliges Gebiet mit vielen Weingärten.

Der nächste Ort am Weg hieß Santa Domingo de la Calzada. Hier besuchte ich kurz die berühmten Hühner in der Kirche.

Die überlieferte Geschichte dazu kurz erzählt:

Ein junger Pilger wurde unschuldig zum Tode verurteilt. Seine Eltern setzten ihre Pilgerreise allein fort. Als sie von Santiago zurück gekehrt waren, hing ihr Sohn noch immer lebend am Galgen … Die Eltern eilten zum Richter, der aber meinte lachend, der Gehenkte sei so lebendig wie die gebratenen Hühner auf seinem Teller. Worauf diese zum Leben erwachten und gackernd davonflogen. Die Unschuld des Verurteilten, der angeblich auf den Schultern des Apostels überlebt hatte, war somit bewiesen! Damit dieses Wunder nicht in Vergessenheit gerät, werden noch heute in einem großen Käfig in der Kirche eine Henne und ein Hahn gehalten.

Wir schafften beinahe vierzig Kilometer und kamen bei Dämmerung in Belorado an.

Die einzige Herberge, die um diese Jahreszeit noch geöffnet hatte, lag mitten im Ort. Dahinter befand sich ein eingezäunter großer Garten, der für die kommende Nacht Galipolis Quartier sein sollte.

Das Gute am ständigen Regen war, es wuchs überall genug Gras. Ungefähr zwei Kilo Kraftfutter hatte ich noch aus Navarette, das musste reichen, morgen würden ich wieder versuchen, welches zu organisieren.

Ich gab Gali die letzte Injektion mit Antibiotikum. Nicht mal anbinden musste ich ihn deswegen und ich war dankbar für sein Vertrauen mir gegenüber.

Ich war erleichtert, denn diese Nacht würde es trocken bleiben. Der Himmel war klar und die Sterne schienen zum Anfassen nahe. Ein gutes Gefühl – endlich würde auch ich eine sorgenlose Nacht durchschlafen können.

In der Herberge herrschte reges Treiben. Wir Pilger fühlten uns wie eine große Familie und eine herzliche Atmosphäre empfing mich.

Fast allen war ich bereits in letzter Zeit begegnet und wie häufig kochten und aßen wir gemeinsam und hatten Spaß.

In den Sommermonaten, wenn Unmengen von Pilgern unterwegs sind, konnte es bestimmt nicht so gemütlich sein. Jetzt traf man in den wenigen offenen Herbergen immer wieder Bekannte und schloss dadurch schnell Freundschaften.

Von der Küche führte direkt eine Tür in den Garten, sodass Galipolis ganz nahe bei uns war und auch ständig von den anderen Pilgern besucht wurde. Er wurde langsam der erklärte Liebling aller und diese Aufmerksamkeiten und Streicheleinheiten ließ er gerne über sich ergehen. Manchmal stupste er seine Besucher frech an oder versuchte spielerisch in Hengstmanier an ihnen zu knabbern.

Anstatt Tadel ergatterte er meist erfolgreich Brot oder Äpfel.

Nach langer Zeit führte unser Weg am nächsten Tag wieder durch Waldgebiet.

Erst waren es alte Eichen, die unseren Weg säumten, später fast ausschließlich Kiefern. Über steinige Pfade kamen wir auf eine Anhöhe von 1.100 m, hier hatte es sogar schon geschneit, zwischen den Bäumen lagen noch Schneereste. Das versetzte die spanischen Pilger, mit denen ich eben ein Stück gemeinsam ging, in helle Aufregung.

Nach Stunden in den Wäldern kamen wir über weitläufige Weiden in den kleinen Ort Ages. Die kleine, öffentliche Herberge war unser Ziel. Gleich nebenan war ein einfacher Kuhstall, in dem Galipolis die Nacht trocken, geschützt und mit viel Heu verbringen durfte. Der freundliche Bauer brachte sogar einen Eimer Gerste. So hatte ich wieder Vorrat für den nächsten Tag.

Abends in der Herberge sorgten zwei junge Pilger mit Gesang und temperamentvollem Gitarrenspiel für Stimmung.

Beinahe alle Mitpilger der letzten Herberge waren wieder vereint und jeder Ankömmling wurde herzlich begrüßt und aufgefordert, mitzusingen.

Es störte mich plötzlich gar nicht mehr, in Schlafsälen zu nächtigen. Doch diese Nacht forderte von uns allen viel Toleranz, denn ein Pilgerkollege schnarchte, dass förmlich die Wände wackelten ...

Eine große, geschichtsträchtige Stadt lag nun vor uns – Burgos!
Jeder freute sich darauf, die schönen Bauwerke dieser einstmals sehr reichen Stadt zu besichtigen. Gleichzeitig sollte es aber auch eine anstrengende Etappe werden mit endlosen Kilometern durch verkehrsreiches Industrie- und Vorstadtgebiet.
Mit gemischten Gefühlen sah ich dem entgegen, denn ich erwartete einen ermüdenden Tag.
In einem kleinen Dorf vor Burgos stärkte ich mich in einem Café und bekam vom Besitzer eine Karte mit einigen Wanderwegen der Umgebung. Welch ein Glück, denn dadurch fand ich Wege, die nicht in meinem Pilgerführer erwähnt wurden und die uns stundenlanges, ödes Marschieren durch laute Straßen voller Abgase ersparten!
Zu gerne hätte ich meine Pilgerkollegen über diese Wegvariante informiert, aber sie waren früher aufgebrochen und auf dem markiertem Jakobsweg durch die Großstadt unterwegs.
Ich ritt über sandige, wenn auch durch die vielen Regenfälle manchmal ziemlich matschigen, Wege, kam in einem Vorort an den Fluss Ebro und folgte diesem durch einen großen Park bis zur wunderschönen Kathedrale von Burgos.
Wir hatten fast die ganze große Stadt durchquert, ohne richtig zu merken, dass wir uns in einer befanden, so ruhig und angenehm war es entlang des Flusses gewesen.

Ich wollte unbedingt in Burgos ein Quartier finden und gerne über Nacht hier bleiben. Wohl, weil mir Mitpilger eingeredet hatten, dies nicht zu versäumen, weil die Stadt so toll und sehenswert sei.
In der Nähe der Kathedrale fand ich auch gleich eine hübsche Herberge.
Ich hatte unsere Ankunft schon telefonisch angekündigt, aber leider einiges missverstanden. Ich dachte, Galipolis könne im Park bleiben, das stellte sich leider als Irrtum heraus.
Ein Zaun umgab hölzerne Häuschen, die hübsch unter Bäumen lagen, doch kaum hatten wir einen Fuß in das Areal gesetzt, kam ein Mann und vertrieb uns lautstark und unfreundlich! Seine größte Sorge war, Galipolis könnte riechende Spuren in Form von Pferdeäpfeln hinterlassen.
Dann eben nicht – enttäuscht ließ ich die Stadt hinter mir, um in einem kleinerem Ort außerhalb eine Bleibe für uns zu suchen.

Zu gerne hätte ich mir Burgos näher angesehen, doch mit einem Pferd in einer Großstadt gab es halt Probleme. Sicher hatte es am Stadtrand Reitställe gegeben, aber wo? Entlang des Jakobsweges wurde es immer schwieriger, Ställe zu finden und ich wollte keine zu großen Umwege in Kauf nehmen.

Erst nach ungefähr elf Kilometern, im dritten Dorf – Rabe de las Calzadas – fand ich endlich eine geöffnete, wenn auch winzige Herberge. Galipolis verbrachte, nachdem er ausgiebig die angrenzende Wiese abgegrast hatte, die Nacht in einer Abstellkammer für Pilgerfahrräder. Warum nicht?

Wieder fand ich einen Landwirt, der ihm gerne Heu und Gerste schenkte. War mein Pferd gut versorgt und trocken untergebracht, konnte ich mich erleichtert auf meine Bedürfnisse konzentrieren: duschen … essen …

Der „Herbergsvater" hatte für uns Pilger gekocht und durch den Geruch aus der Küche meldete sich sofort knurrend mein Magen.

Ich teilte ein Zimmer mit vier weiteren Pilgern. Das japanisches Ehepaar und ein Italiener schnarchten dermaßen, dass ich mich trotz Ohropax genervt und schlaflos im Bett wälzte. Mit Ajoschi, dem Italiener, hatte ich seit der Nacht, als wir bestohlen wurden, schon einige Male ein Zimmer geteilt, er war zwar tagsüber ein netter Pilgerkollege, aber nachts unter den Pilgern gefürchtet – wegen seinem unerträglich lauten Schnarchen!

Hoffentlich begegnete ich denen nicht so schnell wieder, wünschte ich am nächsten Morgen …

Nach Rabe de las Calzadas kamen wir auf eine herrlich stille Hochebene, genannt die „Meseta", eine Landschaft, wunderbar zum Reiten. Galipolis wirkte erholt und schritt motiviert voran. Vielleicht hatte er seinen Husten doch schon überwunden – ich hoffte es sehr, trotzdem achtete ich darauf, dass er möglichst nicht ins Schwitzen kam. Wir passierten nur zwei kleine Dörfer. Leider waren Läden und Cafés geschlossen, daher erreichte ich mit knurrendem Magen unser heutiges Ziel: Castojeriz. Dieser Ort zog sich um einen kleinen Berg und es gefiel mir sofort gut.

In einer Taverne fragte ich nach einer Unterkunftsmöglichkeit für Galipolis und fand gleich Hilfe. Es gab sogar eine Herberge mit Pferdestall, aber leider wegen Umbau geschlossen, die Besitzer verreist. Also musste eine andere Lösung gefunden werden.

Da jetzt am späten Nachmittag außer mir keine Gäste im Lokal waren, nahm sich der Koch Diego für uns Zeit und fuhr mit mir zu seinem Haus, um mir anzubieten, mein Pferd in den Hinterhof oder auf seine erst kürzlich erworbene Wiese zu stellen. Die Wiese lag etwas zu weit entfernt, war auch nicht umzäunt und der Hof seines schönen Hauses war gänzlich ungeeignet für mein Pferd. Galipolis hätte hier bestimmt die schönen Fliesen und Skulpturen beschädigt. Auch ich hätte in dem neu renovierten Haus schlafen dürfen.

Da mir seine freundlichen Angebote nicht zusagten, fuhr Diego mit mir noch zum weitläufigen Campingplatz. Der sei zwar ebenfalls schon geschlossen und der Eigentümer ein etwas schwieriger Mann, meinte Diego, aber er könne bestimmt den Bitten einer Blondine nicht widerstehen … Lach … so war es dann auch zu unserem Glück! Galipolis, der inzwischen geduldig vor der Taverne gewartet hatte, durfte campen. Am zwei Meter hoch umzäunten Campingplatz konnte er sich frei bewegen und fand jede Menge Gras. Niemand beschwerte sich, er durfte alle Rasenflächen betreten und misten, wo ihm danach war! Und es würde eine trockene laue Nacht werden.

Natürlich blieb ich danach gleich in der Taverne und schlief sogar im selben Zimmer wie Jahre zuvor mein Lieblingsautor Paulo Coehlo auf seinem Jakobsweg. Ich war heute der einzige Pilger und wurde von „meinem" Koch kulinarisch verwöhnt. Der Chef des Hauses legte wegen mir sogar eine CD mit Wienerwalzer ein und forderte mich zu einem Tänzchen auf.

Morgens kam Galipolis wiehernd angetrabt, nachdem ich kurz gepfiffen hatte und rieb seinen Kopf an mir. Vielleicht wollte er mir sagen, dass dieses Nachtquartier genau nach seinem Geschmack gewesen war?
Beim Verlassen des Ortes, begegnete mir ein bestimmt über achzig Jahre alter Mann.
„Peregrino?!" rief er und bevor ich noch wusste, wie mir geschah, drückte er mich an sich und küsste mir die Wangen! Er wünschte uns Glück für den weiteren Weg und war sichtlich gerührt. Begegnungen dieser Art beziehungsweise Gastgeber wie letztere hoben meine Stim-mung und ich wusste in solchen Momenten: Alles ist gut!

Nach Castrojeriz – mit einem leisen Bedauern hatte ich es hinter mir gelassen – überquerten wir einen kleinen Fluss und erklommen den Berg „Mostelares"; zwei Kilometer Hochfläche folgten, einsam, baumlos und windig, aber wunderschön.

Kurz vor dem Anstieg hatte ich noch die erste dumme Begegnung auf meiner Reise.

Wir hatten gerade einen munteren Galopp hinter uns, Galipolis war heute motiviert und lustig, als uns ein Mann aufhielt. Er hatte neben dem Weg ein kleines Häuschen mit eingezäuntem Obstgarten.

Erst fragte er mich, ob mein Pferd Durst hätte. Ich verneinte, da wir ja erst kurz unterwegs waren. Trotzdem drängte er mich, abzusitzen und mitzukommen. Ob ich nicht vielleicht ein Gläschen Wein wolle? Allein durch seine Stimme begannen die Alarmglocken in meinem Kopf zu läuten …

Sehr aufdringlich bat er mich, einzutreten und eine kurze Rast zu machen. Ich aber stieg lieber wieder auf mein Pferd und machte mich davon!

Er lief uns hinterher. Ob ich nicht vielleicht ein bisschen Spaß haben wolle mit ihm, rief er mir noch nach.

Na ja, ganz so schön formulierte er es eigentlich nicht, aber ich brauchte auch ein Weilchen, bis ich alle spanischen Ausdrücke verstanden hatte … „Danke, nein!" antwortete ich ein wenig amüsiert und schon waren wir weg!

Dies war die einzige Begegnung dieser Art, ansonsten wurde ich auf meiner Reise niemals belästigt. Ich hatte nie Grund, mich als allein reisende Frau zu fürchten. Obwohl diese „Anmache" harmlos war, war ich dankbar und erleichtert, auf mein Pferd steigen und dadurch schnell flüchten zu können!

Wir passierten einige kleine Dörfer, die Landschaft war geprägt von riesigen Getreideflächen, Wiesen und nur wenigen Bäumen oder Büschen.

In Fromista fragte ich wiederum in der öffentlichen Pilgerherberge nach einem Pferdestall.

Und tatsächlich gab es hier einen hübschen Hof. Wir wurden sogar von der Herberge abgeholt.

Ich war begeistert, dies war der schönste Stall, den wir bisher in Spanien gesehen hatten. Galipolis bekam eine Box zwischen

Artgenossen, ordentliches Futter und liebevolle Betreuung. Da mein Kumpel leider ab und zu wieder begonnen hatte zu husten, schenkte mir die nette Chefin gleich homöopathische Mittel zur Linderung. Danach fuhr sie mich sogar wieder zurück zur ungefähr zwei Kilometer entfernten Herberge. Dafür war ich dankbar, denn wie üblich überfiel mich Müdigkeit, kaum dass mein Pferd versorgt war ...

Am nächsten Morgen holten sie mich auch wieder dort ab. Es war für mich sehr beruhigend zu wissen, dass Galipolis gut untergebracht war und ich nicht wie so oft nachts nach ihm sehen musste. Musste? Ja – ich war verantwortlich und er meinen Entscheidungen ausgeliefert ... also hatte ich die gerne wahrgenommenen Pflicht für sein Wohlergehen zu sorgen!

In der Herberge waren auch viele meiner neuen Freunde, vor allem mit Olaf aus Frankfurt hatte ich mich in letzter Zeit angefreundet und ich freute mich, ihn hier wieder zu sehen. Wir hatten uns einiges zu erzählen, denn jeder Tag brachte neue Abenteuer und Erkenntnisse ...

Nach dem Abendessen besuchte ich mit Olaf noch die romanische, fast tausendjährige, Kirche „San Martin" mit über dreihundert eigenartigen Figuren an den Dachsparren: Tiere, Fabelwesen, erotische Darstellungen, Monster ... merkwürdige Motive für eine Kirche, aber sehenswert.

Die Sonne durchbrach tags darauf ab und zu die dicke Wolkenschicht, dafür sorgte leider ein kalter, stürmischer Wind. Trotzdem meisterten wir siebenunddreißig Kilometer.

Meist war ich die Letzte, die ein Quartier verließ, aber trotz ausgiebiger Mittagsrast überholte ich dank meines Pferdes meistens irgendwo kurz vor der Ankunft in der geplanten Herberge die Fußpilger.

Der Weg heute führte uns teilweise über alte authentische Pilgerpfade und steinige Pisten. Nicht sehr angenehm, wir kamen nur langsam vorwärts, aber ich genoss diese einsame, baumlose Ebene. Im Norden konnte ich in der Ferne die schneebedeckten Berge des kantabrischen Gebirges erkennen.

In dem kleinen Ort Calzadilla de la Cueza, gelegen mitten in der Einöde, hatten wir Glück. Die Herberge hatte einen kleinen

Stall und Futter bekam ich gleich bei einem Bauern nebenan. In dieser Gegend war es relativ leicht, an Getreide zu kommen, Heu allerdings war schwer zu kriegen. Aber mit ausreichend Gerste und Gras zwischendurch reichte abends auch Stroh als Raufutter. Gerste ließ ich normalerweise einige Stunden, besser über Nacht in Wasser quellen um das Getreide besser verdaulich zu machen.

Die Gruppe der bekannten Pilger wurde kleiner, viele waren zurück geblieben. Irgendwann würden wir uns schon wieder treffen.

Ich war wie meistens die einzige weibliche Pilgerin hier in dem kleinen Hostel. Der charmante und gutaussehende Chef des Hauses war sehr um uns besorgt und als Pferdefreund sah er selbst einige Male nach Galipolis und vergewisserte sich, dass dieser genug Futter hatte.

Einige kleinere Hügeln sorgten tags darauf für etwas Abwechslung. Wir kamen durch Sahagun, wo eine hübsche Herberge am Weg lag. Leider war kein Stall in der Nähe, sonst wäre ich gerne hiergeblieben. Ich zog weiter, um im nächsten kleinen Dorf Calzada del Coto zu bleiben. Die öffentliche Herberge war allerdings sehr primitiv und unbeheizt. Auch das Wasser aus der Dusche war kalt.

Gleich nebenan durfte ich Galipolis in der großen Garage eines Bauernhofes für die Nacht unterbringen. Ich war froh, jetzt so leicht Bauernhöfe zu finden, denn das bedeutete, es gab Futter!

Meine Bleibe teilte ich nur mit Olaf, der kurz nach mir eintraf. Er machte seinen Pilgerreise in Etappen und wollte diesmal bis Leon, die nächste große Stadt auf unserem Weg.

Ich war die Einzige, die zurzeit mit einem Pferd unterwegs nach Santiago war. Die Fußpilger begriffen selten, warum ich mit Galipolis kaum schneller vorankam als sie. Man glaubte allgemein, mit meinem Pferd müsse ich doch leicht fünfzig bis sechzig Kilometer täglich zurücklegen können. Kann man sicher auch, aber bestimmt nicht auf einer Strecke von über dreitausend Kilometern …

Hier waren Tagesetappen von durchschnittlich dreißig Kilometern absolut ausreichend. Mir war wichtig, Galipolis nicht zu überfordern. Schließlich hatte ich die Verantwortung für ihn und ich wollte mein junges Pferd ja danach noch viele Jahre gesund und vital um mich haben.

Aber der immer wiederkehrende Husten bereitete mir bereits große Sorgen. Galipolis machte zwar sonst einen gesunden, frischen

Eindruck. Ich konnte keine Atemprobleme feststellen, aber ich war besorgt um meinen besten Freund.

Wir waren ein gutes Team und oft hatte ich das Gefühl, mein Blick in eine Richtung genügte und Galipolis wusste, wohin unser Weg führen sollte. Und absolut nichts konnte ihn erschrecken, ihn aus seiner Ruhe bringen. Es machte richtig Spaß, mit so einem Pferd unterwegs zu sein. Ich fühlte mich dadurch sicher und war stets voller Vertrauen in unser Unternehmen. Ja, ich war sehr dankbar für meinen Pilgerpartner!

Nun erwartete uns eine Etappe, die von manchen Pilgern ein wenig gefürchtet wird.

Eine endlose Ebene, nur mit wenigen, weit verstreut liegenden, kleinen Siedlungen. Wir marschierten wieder auf uralten, steinigen Römerstraßen, der Via Triana.

Nach dem kleinen Ort, in dem wir die Nacht verbracht hatten, ritt ich neun Kilometer durch einsame Felder. In einem winzigen Dorf traf ich wiederum auf Olaf, der schon früh morgens losmarschiert war. Erst nach mühevollem Suchen fanden wir einen Mini-Laden, wo wir uns mit Proviant eindecken konnten.

Danach abermals achtzehn Kilometer einsame Ebene – ich fand es wunderschön, kein Auto begegnete uns, keine Menschenseele kreuzte unseren Weg – nur Stille.

Na ja, nicht allzu weit entfernt befand sich eine Eisenbahnstrecke, doch nur selten störten Züge unseren Frieden.

Olaf hatten wir längst überholt, er litt unter dieser Einöde und hatte bei der letzten Rast deprimiert gewirkt. Also schrieb ich ihm einige aufmunternde Worte auf kleine Zettelchen, die ich am Weg gut ersichtlich unter Steinen oder auf Büschen anbrachte. Sie sollten ihn zum Schmunzeln bringen und ihn von dem schnurgeraden, eintönigen Weg ablenken.

Vom Rücken meines Pferdes aus gefiel mir diese Strecke sehr, aber ich konnte mir gut vorstellen, dass mancher zu Fuß mit einem schweren Rucksack auf dem Rücken deprimiert reagierte. Vor allem im Sommer, wenn die Sonne unerbittlich schien und man hier kaum Schatten fand, war diese Etappe bestimmt eine ziemliche Herausforderung, sozusagen eine richtige „Durststrecke"!

Die hatte man doch auch sonst ab und zu im Leben, oder?

Augen zu (lieber auf ...) und durch!

Mansilla de Mulas hieß unser heutiges Ziel, eine kleine Stadt, die teilweise von einer hohen Stadtmauer umgeben ist.

Die Herberge wurde von einem Deutschen betreut. Von ihm bekam ich den Schlüssel zu einem umzäunten Gemeindeareal, in dem ich Galipolis lassen konnte. Wir betraten es und ich musste feststellen, dass hier eine Herde Eseln lebte.

Der Eselhengst kam gleich drohend anstolziert, um den Eindringling zu beschnuppern. Das Gelände wurde für Ferias und Viehversteigerungen genutzt. Da erst vor relativ kurzer Zeit eine derartige Veranstaltung stattgefunden hatte, fand ich zu meiner Freude dick mit Stroh eingestreute, überdachte Anbindeplätze vor. Nur gelang es mir nicht, die Esel fern zu halten!

Ich wollte nicht, dass es zu Machtkämpfen zwischen meinem Pferd und dem Eselhengst kam, also durchsuchte ich das Gelände genauer und fand im baufälligem Gebäude des ehemaligen Sportclubs einen Raum, der verschließbar war. Nachdem ich ihn von Unrat befreit hatte, schleppte ich sauberes Stroh heran und fand sogar einen großen Eimer, den ich mit Wasser füllte und hatte jetzt einen guten Stall für Galipolis. Die Tür konnte ich mit Hilfe von Strohschnüren verschließen. Ich war zufrieden, denn mein Pferd hatte wieder ein sicheres, trockenes Plätzchen. Die Esel waren ausgesperrt und mein Pferd kaute genüsslich an seiner Gerste. Als Raufutter musste heute Stroh genügen. Galipolis hatte tagsüber viel Gras gefunden, also war dies kein großes Problem.

In der gemütlichen Herberge lernte ich wieder neue Pilger kennen. Auch Olaf war hier und war ziemlich geschafft von den vielen einsamen Kilometern.

Motiviert sattelte ich am nächsten Morgen mein Pferd. Bis Leon waren es jetzt nur noch zwanzig Kilometer.

Der Kontrast zum gestrigen Tag hätte größer nicht sein können!

Schon kurz nach unserem Aufbruch erreichten wir die Vororte der Großstadt. Von nun an begleitete uns lästiger Verkehrslärm. Wie sehr sehnte ich mich nach der Einsamkeit und Schönheit der letzten Tagesetappe zurück …

Als ich in einem Futtermittelladen am Weg einige Kilo Hafer oder Gerste kaufen wollte, wurde ich erst abgewiesen mit der Begründung, es gäbe nur Vierzig-Kilo-Säcke. Als ich aber betonte, ich bräuchte das Futter dringend für mein schon so weitgereistes

Pilgerpferd, öffnete der Verkäufer sofort einen Sack und gab mir soviel, wie ich auf meinem Pferd verstauen konnte und weigerte sich sogar, Geld dafür anzunehmen. Mit vielen Glückwünschen und Entschuldigungen, dass er mir erst nichts geben wollte, verabschiedete sich der Mann danach.

Ach, war das Leben schön!

Am Straßenrand legte ich gleich darauf eine Rast ein, um meinem schon ungeduldigen Pferd eine ordentliche Ration des Getreides zu geben. Er wusste ganz genau, was sich in den Säcken befand, die ich ihm auf den Rücken gebunden hatte. Es war auch so viel und ich konnte das Futter gar nicht richtig verstauen, darum bekam Galipolis eine extra große Portion.

Entlang von vierspurigen Straßen trottete mein Pferd seelenruhig durch die Stadt. Ich aber war froh, als ich endlich die öffentliche Herberge erreichte. Die gelben Bodenmarkierungen hatten es sehr einfach gemacht, sie zu finden. Ein paar hundert Meter entfernt war sogar eine große Reitanlage – welch Glück wir wieder hatten!

Bei der Suche danach waren mir zwei gutgekleidete Spanier behilflich gewesen, die mich gleich einluden, mit ihnen abends auszugehen. Ich wollte aber mit Olaf Abschied feiern, da er hier seine Pilgerreise vorerst beenden würde.

Heute brauchte ich mir keine Sorgen um mein Pferd zu machen. Ein Geschenk – mitten in der Stadt ein Reitstall nahe der Herberge! Ich beschloss sofort, am nächsten Tag endlich einen Ruhetag einzulegen. Das würde uns beiden gut tun.

Im Stall traf ich nur den Stallburschen an, der wohl zum Sparen angehalten wurde. Trotz meiner Beteuerung, ich würde für das Futter bezahlen, fiel die Heuration sehr klein aus, die er meinem Galipolis gab. Der aber sollte fressen, soviel er nur konnte, also bekam er von mir eine Extraportion. Das gefiel dem Stallburschen zwar gar nicht, kopfschüttelnd und Unverständliches murmelnd ging er weg – war mir aber egal!

Je näher man Santiago kommt, desto billiger wurden die öffentlichen Herbergen. Dieses mehrstöckige Gebäude hier in Leon war neu errichtet, sauber, die ganze Nacht geöffnet und bewacht. Man konnte nachts ausbleiben, solange man wollte – keine Sperrstunde wie so oft!

Das nutzten Olaf und ich ausgiebigst. Nach dem Besuch des Pilgersegens in einer kleinen Kirche bummelten wir durch die wunderschöne Altstadt Leons. Traumhaft war die riesige Kathedrale mit seinen unvergleichlich schön bemalten Glasfenstern. Sie beeindruckte mich wirklich sehr. Welche Macht und Reichtum hatte diese Kathedrale wohl vor Jahrhunderten ausgestrahlt auf das einfache, arme Volk.

Bis vier Uhr morgens zogen wir von einem Lokal ins nächste, tranken ein bisschen zu viel und tanzten ausgelassen in unseren schweren Wanderschuhen.

Es dämmerte bereits, als wir danach müde eine Stunde durch die Straßen irrten, bis wir endlich unsere Herberge wiederfanden. Kein Taxi weit und breit ... und den Straßennamen unserer Bleibe hatten wir uns auch nicht gemerkt ...

Nach drei Monaten einfachem Nomadenleben hatte mir dieses ausgiebige Nachtleben Spaß gemacht – allerdings hatte ich mich auch etwas fehl am Platz gefühlt. Diese vielen Menschen in den Lokalen, die zu laute Musik, zu viel Alkohol – der ganze Rummel fühlte sich bereits fremd an.

Nach Olafs Abreise verbrachte ich einen erholsamen Tag mit viel Schlaf, einem Einkaufsbummel und einem kurzen Spaziergang mit meinem vierbeinigen Kameraden.

Abends freute ich mich bereits wieder auf die Weiterreise. Ich hatte absolut genug von der Hektik der Stadt und sehnte mich nach Stille, Natur und dem Unterwegssein mit Galipolis. Ich war allerdings auch ein bisschen traurig über die Abreise meines Pilgerfreundes Olaf und vermisste schon jetzt unsere guten Gespräche.

Als ich morgens erwachte und aus dem Fenster sah, erschrak ich mächtig! Es hatte in der Nacht geschneit und die ganze Stadt lag unter einer weißen Decke.

Eine neue Herausforderung stand uns bevor. Ich hatte mir gestern eine warme Jacke gekauft, da ich in der letzten Zeit schon all meine Kleidung übereinander angezogen hatte, so empfindlich kalt war es geworden. Es war der sechsundzwanzigsten November und der Winter stand vor der Tür!

Im Reitstall zahlte ich fünfundzwanzig Euro pro Nacht für die Unterbringung meines Pferdes. Ich war wütend und fühlte mich

ausgenutzt. Ich hatte das Gefühl, einen Teil davon behielt der Stallbursche. Den Eigentümer hatte ich nicht angetroffen und so musste ich den Worten des Burschen glauben, der angeblich keine Telefonnummer seines Chefs besaß. Resigniert gab ich ihm diesen Wucherpreis. Dafür gabs kein Trinkgeld extra, lach …
Ich war nach Möglichkeit sparsam auf meiner Pilgerreise, denn sie bedeutete für mich auch eine finanzielle Herausforderung. Zum Vergleich: Für mich bezahlte ich drei oder vier Euro pro Nacht in den Herbergen.
Später ärgerte ich mich über mich, dass mich überhaupt noch was ärgern konnte … Aber unser Weg war ja noch nicht zu Ende, vielleicht lernte ich noch dazu!

Durch den Wintereinbruch war das Vorankommen mühsam und quälend. Mein Pferd hatte ja nur die flachen Hufeisen ohne Stifte oder Stollen. Der matschige Schnee blieb in den Eisen kleben und mein armer Gali ging schon nach einigen Metern wie mit Stöckelschuhen … Ich musste ihm also ständig den hart getretenen Schnee von den Hufen klopfen oder auf eisige Asphaltstraßen ausweichen und riskieren, auszurutschen …
Neben diesen Schwierigkeiten sorgte ein stürmischer, eiskalter Wind und zeitweiliger Schneefall für ein mühevolles, langsames Weiterkommen.
Trotz dieser widrigen Umstände entschloss ich mich, die etwas längere Wegvariante zu nehmen. Der kürzere Weg führte auf einem extra angelegten Pfad direkt neben der vielbefahrenen Straße, die um einige Kilometer längere, ursprüngliche Variante dagegen durch landschaftlich schöneres und ruhigeres Gebiet.
Kurz nachdem wir Leon endlich hinter uns gelassen hatten, begegneten mir zwei brasilianische Reporter, die einen Artikel über den Jakobsweg ausarbeiteten. Erst wollten sie mir nicht glauben, dass wir schon über drei Monate unterwegs waren und bald dreitausend Kilometer hinter uns hatten, dann aber wurden wir, wie schon oft, fotografiert und mir wurde versichert, sie würden über mich in ihrer Zeitschrift berichten.
Leider führte der Umweg ebenfalls über mehrere asphaltierte Nebenstraßen ohne die Möglichkeit für eine kurze Rast unter einem schützenden Dach. Inzwischen war aus dem Schneefall Regen geworden und deswegen war ich vollkommen durchfroren,

als wir in Hospital de Orbigo ankamen. Wir waren wiederum über dreißig Kilometer unterwegs, mir erschienen sie aber wegen des stürmischen Windes, der Nässe und der Kälte doppelt so lange!

Über die mittelalterliche Steinbrücke mit ungefähr zwanzig Rundbögen betraten wir den hübschen Ort. Drei Herbergen sollte es hier geben, zwei davon waren geschlossen. Meine Freude war unbeschreiblich, als ich auch einen Stall für Galipolis fand. Eine allein lebende alte Frau hatte in einer Scheune einige Boxen, die sie für die Pferde an reitenden Pilgern vermietete. Obwohl mir noch keine begegnet waren, waren hier, dreihundert Kilometer vor Santiago, anscheinend doch öfter welche unterwegs – allerdings selten um diese Jahreszeit, meinte die Frau.

In meiner Situation fiel mir jedes Mal ein riesiger Stein vom Herzen, wenn ich für mein Pferd einen Stall fand. Vorbei waren die warmen Nächte, wo ich Galipolis beruhigt draußen lassen konnte. Nach einem anstrengenden Marsch bei Regen und Kälte war es sehr wichtig, dass er sich nachts erholen konnte.

In meiner Herberge traf ich Valentin aus der Schweiz wieder. Wo hatte ich ihn zuletzt gesehen? Das war noch in Frankreich gewesen. Wir hatten uns einiges zu erzählen.

Außer uns waren noch einige andere Pilger hier. Ein junger Belgier, der schon neun Jahre in der Welt herumzog und ein Schriftsteller aus Chile gesellten sich zu uns. Wir entfachten Feuer im offenen Kamin und saßen plaudernd mit einem Gläschen Wein davor – genau das Richtige nach diesem herausfordernden Tag!

Rau und kalt blieb auch der folgende Tag, aber ich war erleichtert, keine Schneepfade vorzufinden. Die Wege nach Astorga waren anspruchslos.

Es war Sonntag und in der Stadt wurde ein Fest gefeiert mit Musikkapellen und einem Markt.

Galipolis erschrak heftig, als nach den ruhigen Stunden plötzlich die Kapelle lautstark um eine Ecke bog. Wir flüchteten in einen Garten neben der Straße. Dieser gehörte zufällig zu einer kleinen Herberge. So nutzte ich dies gleich für eine kurze Rast. Ein Franziskaner, der hier Hospitalero war, brachte mir sogar unaufgefordert ein Jausenbrot und ein Glas Wasser – kleine Geschenke entlang des Weges …

In der Altstadt von Astorga begeisterte mich der wunderschöne ehemalige Bischofspalast. Mit seinen vielen Türmen wirkte er wie ein Märchenschloss, ich konnte mich kaum satt sehen. Ich wollte ihn gerne betreten, denn heute beherbergt er ein Pilgermuseum, aber leider war gerade Mittagszeit und geschlossen. Auch die mächtige Kathedrale daneben war versperrt, das fand ich schade.

In Spanien sind Kirchen meistens versperrt, es wird zu viel daraus gestohlen.

Ich ritt, beziehungsweise wir beide liefen, noch weiter bis ins fünfunddreißig Kilometer entfernte Rabanal. Der Ort befand sich bereits auf über tausendeinhundert Meter Seehöhe. Leider hatte es wieder zu regnen begonnen und mir war bitterkalt.

Etwas außerhalb vom Dorf gab es einen kleinen Reiterhof. Ich hatte in einer Bar nach einem Hof gefragt und war dankbar, auch heute wieder einen trockenen Platz für mein Pferd zu haben.

Tagelang dachte ich, der Husten von Gali sei ausgestanden, aber jetzt begann es ab und zu von Neuen und das bereitete mir Sorgen.

Eine ganze Menge Pilger kamen hier in der einzigen Herberge zusammen, die meisten davon kannte ich bereits – auch einige gefürchtete Schnarcher ...

Der nächste Morgen bereitete uns ziemliche Probleme.

In der Nacht hatte es wieder geschneit, es war kalt und die Straßen vereist. Nur mit Mühe kamen wir vorwärts. Galipolis rutschte mit seinen flachen Eisen durch die Gegend. Wie dringend könnte er jetzt die Stollen, die ich in Frankreich geschenkt bekommen hatte, gebrauchen! Aber sie waren nutzlos, da der Hufschmied in Estella keine Löcher in die Hufeisen gebohrt hatte mit der Begründung, kein Werkzeug dafür zu haben ...

Auf den asphaltierten Straßen war es eisig, auf den Pfaden lag Schnee, der in Galis Eisen hohe „Stöckel" bildete – wir kamen nur langsam und mühsam vorwärts.

Zum Glück wurde die Landstraße eine Stunde später vom Schnee geräumt und Salz gestreut. So setzten wir unseren Weg auf der Straße fort, das war einfacher als auf den verschneiten Pilgerwegen.

So beschwerlich dieser Tag auch war, die verschneite Landschaft bescherte mir eine unglaubliche innere Zufriedenheit.

Alle Bäume und Sträucher waren mit einer dicken Eisschicht überzogen, die Berge lagen still und mächtig vor uns, versteckt unter einer weißen Decke.

Immer höher zogen wir, unser höchster Punkt heute lag auf 1.550 m – das Cruz de Ferro – das eiserne Pilgerkreuz!
Hier legten Pilger seit Jahrhunderten einen Stein aus der Heimat ab, als Symbol der Lasten oder Sünden, die das Leben erschwerten und die hier endgültig zurückgelassen werden sollten.
Auch ich legte meinen mitgebrachten Stein an diesen schönen Platz. Eine Freundin hatte ihn mir zwar als Glücksbringer mitgegeben, doch er sollte als Symbol meiner unnötigen Lasten hier bleiben. Der Stein war hübsch mit buddhistischen Zeichen bemalt. Ich legte ihn auch als Zeichen dafür ab, dass es dem Universum bestimmt egal war ob wir Jesus, Buddha oder Allah anbeten – was macht das für einen Unterschied? Sind wir nicht hier, um uns zu entwickeln?

An diesem kalten Wintertag lag der Platz einsam und still da, aber die vielen Bänke und Tische, die das Kreuz umringten, ließen erahnen, dass wohl in der wärmeren Jahreszeit hier reges Leben herrschen musste.
Die Berge waren unbeschreiblich schön.
Da es so kalt war, freute ich mich über den heißen Tee, der mir einige Kilometer später in der kleinen Herberge in Manjarin angeboten wurde. Eine Thermosflasche besaß ich leider nicht. Sollte ich mir dringend besorgen, dachte ich!

Es war nur eine kleine, einfache Hütte, aber umgeben von einer ganz besonderen Aura. Sie erweckte in mir den Wunsch, zu bleiben. Doch der Wind blies unerbittlich kalt, Galipolis stand ihm ausgeliefert vor der Hütte, und, obwohl ich ihm die dicke Decke übergeworfen hatte, konnte ich nicht riskieren, dass er sich noch mehr erkältete. Also brach ich schnell wieder auf und musste plötzlich weinen.
Es war einfach so schön hier. Ich war glücklich, hier zu sein und trotzdem gleichzeitig unendlich traurig, ohne genau zu wissen, weswegen.
Wahrscheinlich war ich auch erschöpft und ausgelaugt ...
In dieser einsamen, stillen Bergwelt fühlte ich mich auf eine sehr angenehme Weise klein und unbedeutend, und gleichzeitig Gott,

dem Universum, so nahe. Viel näher als ich jemals beim Besuch einer Kirche sein könnte.

Ich bedauerte trotz der eisigen Kälte und des Schnees, dass unser Weg nun wieder abwärts führte. Schon bald ließen wir die weiße Pracht hinter uns und bunte, herbstlich gefärbte Bäume säumten plötzlich wieder unseren Weg.
Ich warf noch einen letzten Blick zurück, ein bisschen traurig, diese schöne Bergwelt wieder verlassen zu müssen. Diese hatte sich aber bereits unter Hochnebel verborgen.
Über ziemlich steinige, schmale Pfade erreichten wir das Dorf El Acebo, eine malerische Ansammlung von Steinhäusern, und sieben Kilometer später kamen wir im schönen Ort Molinaseca an. Noch wusste ich nicht, wo wir unser nächstes Quartier aufschlagen würden, aber ich hielt bereits meine Augen offen, um keine Pferdeställe oder Weiden zu übersehen.
Molinaseca befindet sich wieder im Tal auf sechshundert Meter Seehöhe. Als ich mit meinem Pferd durch die Gassen zog, bekam ich in einem Laden eine Menge Karotten und altes Brot geschenkt. Diese Belohnung hatte sich Galipolis heute redlich verdient.
Es war wie oft ein hübscher Ort mit engen Gassen, bereits von den Römern gegründet, und ein wichtiger Ort der mittelalterlichen Pilgerstraße. Die Menschen begegneten uns freundlich und hilfsbereit.

Ich sah dann bald neben der Straße eine eingezäunte Weide mit einigen Pferden darauf und einen kleinen Pferdehof. Mein Herz hüpfte vor Freude, eine Herberge befand sich nur einige hundert Meter weiter.
Ich ließ mein Gepäck in der Herberge, mein Pferd im Garten dahinter und machte mich auf die Suche nach dem Eigentümer des Stalles. Hoffnungsvoll läutete ich an der Tür des nächstgelegenen Hauses. Leider öffnete mir nicht der Besitzer, aber der Mann kannte ihn und fuhr mit mir kurzerhand die drei Kilometer zu dessen Heim.
Meine Bitte nach Unterkunft wurde nicht abgewiesen, Galipolis durfte eine Box beziehen und Futter durfte ich nehmen, soviel ich wollte!
Einstweilen hatte sich mein Pferd im Garten der Herberge frei bewegen und grasen können. Aber da es schon wieder leise zu

regnen begonnen hatte, war es gut, ihn in den Stall bringen zu können. Und auf mich wartete ein herrlich warmes Kaminfeuer in der Herberge. Wir waren nur zu fünft, kannten uns schon vom gemeinsamen Weg und wir kochten gemeinsam wie schon so oft – Spagetti.

Die einst so stolze Stadt Ponferrada mit seiner mächtigen Burg der Tempelritter lag nun vor uns.
Wir erreichten sie auf verkehrsarmen, kleinen Nebenstraßen. Den ganzen Morgen ritt ich im dichten Nebel, umso imposanter erschien dadurch die riesige Burg, als sie ganz plötzlich vor mir auftauchte. Sie lässt heute noch deutlich erahnen, welche Herrschaft und Macht ihre Besitzer, die Templer, vor Hunderten von Jahren ausübten.
Mit meinem routinierten Pferd durchquerten wir auch diese Stadt ohne jegliche Probleme. Bis Santiago hatten wir jetzt nur noch kleinere Orte vor uns, alle größeren Städte lagen endlich hinter uns.

Nur noch zweihundert Kilometer!
Ein eigenartiges Gefühl, schon so nahe am Ziel zu sein …
Uns blieb nur mehr ungefähr eine Woche – trotz der zunehmenden Strapazen konnte ich mir zu diesem Zeitpunkt gar nicht vorstellen, in mein altes Leben zurückzukehren.

Es ging weiter durch hügeliges Weinbaugebiet. Die Temperaturen waren heute erträglich und die Windstille beinahe seltsam.
Galipolis war an diesem Tag ungewöhnlich langsam und antriebslos. War ja auch kein Wunder, dachte ich, denn der letzte Tag im Schneetreiben war sehr anstrengend gewesen.

Kurz vor Villfranca de Bierzo bemerkte ich verärgert, dass er ein Hufeisen verloren hatte. Ich hatte so gehofft, keinen Hufschmied mehr zu brauchen bis Santiago de Compostela.
Aber es kommt oft anders als gewünscht. Nun waren wir hier mitten in diesen Weinfeldern und ich musste wieder mal alle Energie darauf verwenden, einen Schmied aufzutreiben.
Gleich am Ortseingang von Villafranca befand sich eine alte Santiagokirche. Auf dem Torbogen stand geschrieben: Puerta del Perdon – das Tor der Vergebung. In früheren Zeiten wurde Pilgern, die krankheitsbedingt nicht weiter konnten, schon hier vom Papst

ihre Sünden vergeben. So brauchten sie nicht über die noch vor ihnen liegenden Berge weiterziehen.

Gleich nach der Kirche befand sich früher ein Pilgerkrankenhaus, heute war es eine einfache Herberge, namens „Ave Fenix". Hier machte ich nun Halt, bat um Aufnahme und um Hilfe bei der Suche nach einem Schmied. Sehr hilfsbereit kümmerte sich Jato, der Besitzer der Herberge, um uns und erreichte telefonisch auch einen Hufschmied. Gleich am nächsten Morgen wollte dieser kommen und meinen Weggefährten neu beschlagen. Ich war erleichtert, doch wo sollte Galipolis heute Nacht bleiben? In der Nähe gab es keine Ställe, keine Viehhaltung, nur Weinbau, erklärte Jato.

Aber er erlaubte, dass mein Pferd im Hof seines baufälligen Hauses gleich nebenan bleiben konnte. Der Hof war mit einer Mauer umgeben und übersät mit jeder Menge Unrat und Müll. Ich säuberte ihn notdürftig und räumte alle Dinge weg, an denen sich Galipolis hätte verletzen können. Für eine Nacht musste es gehen, dachte ich, außerdem regnete es zum Glück mal ausnahmsweise nicht. Jato fuhr noch weg und brachte einige Ballen Stroh mit. Heu hatte er keines organisieren können. Doch bis zum Einbruch der Nacht brachte ich meinen Kumpel auf eine Wiese neben der Santiagokirche, es gab überall genug Gras und Bäume, an denen ich ihn anbinden konnte.

Am nächsten Morgen erlebte ich leider eine böse Überraschung. Ich ging schon früh zu meinem Pferd, um es wieder auf die Wiese zu bringen und fand ihn apathisch und stark hustend im Innenhof. Auf den ersten Blick sah ich, er hatte Fieber und war ernsthaft krank.

Jatos Frau, Carmen erklärte mir den Weg zu einer Tierklinik mitten im Ort. Diese war geschlossen, aber in der Bar gleich nebenan fand ich einen uninteressierten und ungepflegten Tierarzt. Ich störte ihn ja auch in seiner Mittagspause … Nachdem er ausgetrunken hatte, ging er mit mir in die Praxis und gab mir einige Säckchen Danilon mit, ein entzündungshemmendes Pulver, das ich von daheim kannte. Er meinte, mein Pferd habe wahrscheinlich einen Holzspan oder ähn-liches im Hals stecken, dadurch habe er diesen heftigen Hustenreiz … Deshalb Fieber? Hmm …

Ohne ihn zu untersuchen, stellte er diese Diagnose, ich war ziemlich verblüfft! In Wirklichkeit war er wohl zu faul für eine Visite und wollte wahrscheinlich lieber wieder in die Bar.

Frustriert kehrte ich zurück und fand mein Pferd in noch einem schlimmeren Zustand vor. Der Arme hatte seinen Kopf nur noch in die Tiefe gestreckt und hustete sich förmlich seine Seele aus dem Leib!

Ich fühlte mich hilflos und vor allem schuldig. Hatte ich seinen immer wiederkehrenden Husten zu leichtfertig gesehen und ihn überfordert? Hatte ich ihm einen bleibenden Schaden zugefügt, nur weil ich Egoist unbedingt nach Santiago reiten musste?

Carmen beruhigte mich und erklärte mir noch den Weg zum hiesigen Amtstierarzt. Dieser mache zwar normalerweise keine Hausbesuche, aber er sei ein versierter, guter Tierarzt, meinte die Frau, ich solle bei ihm mein Glück versuchen.

Wieder machte ich mich auf den Weg ins Zentrum. Der Tierarzt war nicht da, ich gab einem Kollegen meine Telefonnummer und auch die von der Herberge und schrieb darauf noch einige bittende, eindringliche Worte, damit er auch wirklich zurückrief!

Und wirklich, eine Stunde später – ich war traurig und nervös zu meinem Pferd zurück gekehrt – kam er.

Ich war so erleichtert. Doch nachdem er Galipolis untersucht hatte und mir mitteilte, er habe eine ernsthafte Entzündung der Bronchien und bräuchte dringend die nächsten Tage Medizin und viel Ruhe, war ich mit meinen Nerven am Ende.

Ich begann zu weinen und konnte die Tränen einfach nicht stoppen. Ich weinte vor allem deswegen, weil ich mich schuldig fühlte, die Gesundheit meines Kameraden aufs Spiel gesetzt hatte. War ich doch für ihn verantwortlich und er für mich durch diese gemeinsame Zeit viel mehr als nur ein Pferd – er war mein treuer Partner, mein wichtigster Pilgerfreund!

Jato, Carmen und Paco, der Tierarzt trösteten mich sogleich und boten mir alle Hilfe an, die ich benötigte.

Solange es sein musste, könnte ich in der Herberge bleiben und ich bräuchte selbstverständlich nichts zu bezahlen, bot mir Jato an. Eine Herberge wäre schon immer eine Bleibe für in Not geratene Pilger gewesen, beruhigte er mich.

Nur – wohin mit Galipolis? Er brauchte dringend einen Stall! Doch den gab es hier nirgends.

Doch Not macht bekanntlich erfinderisch …

In diesem dem Verfall preisgegebenen Haus, in dessen Hof Gali die letzte Nacht verbracht hatte, befand sich ein großer Raum, vollgestopft mit Unrat von Jahrzehnten. Früher war es ein Stall oder auch nur ein Keller gewesen. Es gab keine Alternative, wir mussten ihn ausräumen. Wir, das waren Jato, zwei spanische Pilger, die ich schon aus Ponferrada kannte, und ich.

Eine Stunde später standen wir förmlich vor Schmutz und Staub, aber es war uns gelungen, einen geräumigen Platz freizumachen. Jato strich sogar noch Kalk auf den Boden und die Wände, um Krankheitserreger abzutöten. Sogar einen Ring schlug er in die dicke Steinmauer, woran ich mein Pferd festbinden konnte.

Nachdem ich ordentlich Stroh eingestreut hatte, konnte Galipolis seinen Stall beziehen. War zwar keine Luxusunterkunft, aber trocken und windgeschützt.

Inzwischen war auch der Hufschmied gekommen und hatte meinem Pferd neue Eisen verpasst. Auch dieser nette Mann gab mir gleich seine Telefonnummer und meinte, sein Vater habe in einer Entfernung von etwa fünfzig Kilometern einen großen Pferdebetrieb. Wenn ich wollte, könnte er mich und mein Pferd holen und dort unterbringen, bis er wieder gesund wäre. Ich überlegte kurz, ob ich das Angebot annehmen sollte, entschloss mich aber, hier zu bleiben.

Eine Sorge hatte ich noch – ich brauchte dringend Heu! Jato war mit mir in einen Futtermittelladen gefahren, wo ich einen großen Sack Hafer gekauft hatte, wo aber gab es Heu? Keiner konnte oder wollte mir helfen. Stroh allein war nicht genug, mein Pferd sollte ordentlich fressen, um gesund zu werden und wieder zu Kräften zu kommen. Es sollte noch zwei Tage vergehen, bis mir endlich ein junger Mann einige Ballen Heu brachte.

Ich hatte mich daran erinnert, vor Villafranca in der Ferne eine Weide mit zwei Pferden gesehen zu haben. Darum machte ich mich am Tag nach unserer Ankunft auf den Weg, um dorthin zu gelangen. Ich hatte ja genug Zeit und nach einer Stunde Fußmarsch erreichte ich eine kleine Finca. Der Besitzer wollte soeben weg fahren. Ich hatte ihn gerade noch im letzten Augenblick erwischt.

Er versprach sogleich, einen Burschen mit Heuballen zur Herberge zu schicken. Leider wartete ich noch einen weiteren Tag, bis das auch geschah.

In Spanien bedeutet gleich vielleicht morgen und morgen eventuell irgendwann ... Ich musste lernen, Geduld zu haben. Aber da mein Pferd Hunger hatte, fiel mir das schwer.

Das Wetter hatte sich wieder verschlechtert. Ich fragte mich schon langsam, wo dieser viele Regen denn herkommen konnte!
Ich nutzte jede Regenpause, um mit meinem Pferd ins Freie zu gehen und ihn grasen zu lassen. In einem Laden hatte ich eine neue Plastikplane gekauft, mit dieser deckte ich Galipolis zu. Darunter hatte ich ihm noch den warmen Woilach übergelegt. Ich wollte vermeiden, dass mein Pferd nass wurde und fror.

Tierarzt Paco kam jeden Tag, um nach Galipolis zu sehen und ihm Medizin zu injizieren. Ich hatte Vertrauen zu ihm, er schien sein Handwerk zu verstehen.
Der junge Mann, der endlich das lang ersehnte Heu brachte, bot mir an, uns mit dem Pferdehänger über die Berge zu fahren – wenn ich wollte, bis nach Sarria. So würden uns siebzig anstrengende Kilometer erspart bleiben. Obwohl ich ernsthaft darüber nachdachte, dieses Angebot anzunehmen – ich konnte es einfach nicht!
Wir waren bereits über 2.900 Kilometer auf unseren Füßen – oder Hufen – unterwegs und es kam mir nicht richtig vor, jetzt siebzig Kilometer mit dem Hänger zu fahren.
Nein, das wollte ich auf keinen Fall – ich wäre mir doch wie ein Betrüger vorgekommen ... Lieber wollte ich noch einige Zeit hier ausharren und weiter ziehen, sobald Galipolis wieder gesund und bei Kräften war.

Die erzwungene Ruhepause war für mich anfangs kaum auszuhalten, mein Leben war schon das einer Vagabundin geworden. Und nun saß ich hier fest!
Vor der Herberge sah ich täglich ein Holzschild, auf dem stand: „177 km bis Santiago". Ständig kam ich daran vorbei und ich wollte weiter – unser Ziel war doch schon so nah.

Ich durfte wieder einmal die Lektion lernen, dass eben nicht immer alles so läuft, wie man es sich vorstellt. Noch immer war ich ein sehr ungeduldiger Mensch ...

Um die Zeit tot zu schlagen, übernahm ich gerne einige Aufgaben in der Herberge. Jato, der Chef, war am Tag nach unserer Ankunft für zwei Wochen zur Kur gefahren und wurde von Angel vertreten. Angel, ein pensionierter Freund der Familie mit außergewöhnlichem Bauchumfang, hatte aber anscheinend keine allzu große Lust, um Feuer im Ofen des Aufenthaltsraumes zu machen oder sonstige anfallende Arbeiten zu erledigen. Er verbrachte seine Zeit mit Lesen und Computerspielen oder machte Späße mit mir und den wenigen ankommenden Pilgern. Also übernahm ich sozusagen den Job des Hausmeisters.

Diese Herberge war eine der schäbigsten auf meiner bisherigen Reise. Warm wurde es nur im Aufenthaltsraum, wenn ich den Holzofen fütterte. Außer mir hatte niemand wirklich Lust, Holz von draußen zu holen und einzuheizen. War ich mal kurz nicht da, erlosch das Feuer und ich schalt Angel, weil er schon wieder vergessen hatte, nachzulegen. Er saß lieber dick angezogen vor seinem Buch, und Carmen kam nur zum kochen.

In den unbeheizten Zimmern standen alte Stockbetten mit schmuddeligen Matratzen und Decken. Manchmal stand eine Tür offen und einer der drei Hunde machte es sich in einem Bett gemütlich. Dementsprechend sah es dann auch aus.

Aus den Duschen kam nur ein kleines Rinnsal von lauwarmem Wasser, die Waschmaschine war seit langem kaputt und an der Küchentür stand groß: Betreten verboten! Warum, das war klar – ich hatte selten eine derart verdreckte, vollgeräumte und unappetitliche Küche gesehen …

Beim Essen vergaß ich das lieber sofort wieder.

Mir war langweilig und ich begann, hier und dort sauber zu machen. Nach einigen Tagen Aufenthalt war es mir beinahe peinlich, wenn neue Pilger ankamen und es überall derart schmutzig war.

Carmen oder Angel schien das nicht weiter zu stören, sie lebten nur auf, wenn jemand ankam und für eine Nacht bleiben wollte. Viele gingen aber gleich wieder, nachdem sie sich umgesehen hatten, um sich eine andere Herberge zu suchen …

Ich fühlte mich trotzdem wohl bei diesen beiden Menschen, die mich so selbstverständlich verköstigten und mich behandelten, als gehöre ich zur Familie. Oft saßen wir um den einzig warmen Ort des Hauses, dem Holzofen und sie erzählten mir lustige oder auch tragische Geschichten aus ihrem Leben.

Während meines ganzen Aufenthaltes hier regnete es in Strömen, ein kalter Wind wehte und so war ich eigentlich erleichtert, jetzt nicht über die 1.300 m hohen Berge zu müssen. Dort oben schneite es unaufhörlich und ein prominenter spanischer Pilger hatte sich angeblich im Nebel verlaufen, wurde in den Nachrichten gebracht. Der Fernseher lief hier den ganzen Tag, ich ertrug das kaum noch. Ständig diese Informationsflut, Talkshows, Werbungen – mir fehlten die Stille der Natur und der Frieden, den ich empfand, wenn ich unterwegs war. Um diese Stille zu finden, zog ich mich des Öfteren in mein schmuddeliges Zimmer zurück.

Alle ankommenden Pilger waren für mich jetzt Fremde, denn längst hatten mich die Letzten meiner Bekannten überholt. Das machte mich traurig, ich würde mich wegen unserer ungeplanten Auszeit von keinem verabschieden oder Adressen austauschen können.
Die drei Hunde des Hauses waren meist im verschmutzten Hof eingesperrt. Zwei davon waren in einem erbärmlichen Zustand, eine magere Schäfermischlingshündin lag fiebernd und röchelnd teilnahmslos auf einem verdreckten Platz.
Ich bat Paco, sie zu behandeln und wirklich erholte sie sich nach einer Injektion und den Antibiotika-Tabletten, die ich ihr täglich verabreichte, relativ schnell. Diese treuen, dankbar dreinblickenden, Hundeaugen – am liebsten hätte ich sie mitgenommen!
Im Zentrum der kleinen Stadt hatte ich einen Fleischer entdeckt, von ihm holte ich einige Male Fleischabfälle und Knochen. Die Hunde waren ganz wild darauf. Ich übernahm einfach entschlossen die Fütterung der Tiere, denn täglich fragte ich Carmen, ob die Hunde schon gefüttert seien und immer bekam ich die Antwort: „Noch nicht, aber gleich …"

Carmen lud mich eines Abends zu einem Kinobesuch ein, Angel unternahm mit mir sonntags eine Runde durch verschiedene Lokale, wodurch ich schnell einen gehörigen Schwips hatte. Ich war nicht gewohnt, schon vormittags einige Gläser Wein zu trinken …
Auch mit dem jungen Mann, der mir das Heu gebracht hatte, und seiner Freundin verabredete ich mich an einem Abend, um zusammen ein Lokal zu besuchen. Dabei lernte ich eine Bekannte von den beiden kennen, die bei der Tageszeitung beschäftigt war. Diese war von meiner Pilgerreise begeistert und bat mich um einen

Termin für ein Interview und Fotos. Sie wollte meine Geschichte in der Zeitung veröffentlichen und auch im Radio bringen!

Ich freute mich, war stolz, gleichzeitig nervös, als ich tags darauf mit meinen bescheidenen Spanischkenntnissen ihre Fragen beantwortete und sie es auf ein Tonband aufnahm.

Ich war hier in Villafranca del bierzo für einige Tage DIE Attraktion: eine Pilgerin aus Österreich, die alleine mit ihrem Pferd über drei Monate unterwegs war ...

Diese Woche verging letztendlich wie im Flug, und Galipolis erholte sich gut. Endlich bekam ich von Paco das Okay zur Weiterreise.

Am Tag vor meiner Abreise verbrachte ich viel Zeit mit „meinem" Tierarzt. Er lud mich zum Essen ein, er zeigte mir kleine Dörfer in der Umgebung, um hier einen Kaffee, dort einen Whiskey, ... zu nehmen. Ich genoss die Gesellschaft und seine Aufmerksamkeit, aber als er abends nochmals mit mir ausgehen wollte, entschied ich mich dagegen. Lieber nicht, dachte ich – allerdings mit leisem Bedauern. Aber ich wollte doch weiter ...

Sechs Tage hatte unser Aufenthalt in Villafranca del Bierzo gedauert. Hatte ich anfangs gedacht, das nicht durchhalten zu können, so fühlte ich mich plötzlich niedergeschlagen, als ich Galipolis am sechsten Dezember für den Aufbruch sattelte.

Die Menschen hier waren mir schon ans Herz gewachsen und auch Angel kämpfte mit den Tränen, als wir uns zum Abschied umarmten.

Und die Hunde winselten und bellten, als ich weg ritt. Das tat mir weh.

Es dauerte tatsächlich einige Kilometer, bis ich mich wieder auf den Weg vor uns konzentrieren konnte.

Ich weinte fast und mein Herz schmerzte – ich würde bestimmt irgend-wann hierher zurückkehren, nahm ich mir fest vor!

Aber jetzt hatte ich ein wichtigeres Ziel: Santiago de Compostela!

Letzte Etappe

Heute war der erste Tag ohne Regen seit einer Woche.

In der Herberge war oft vom schwierigen Aufstieg auf den O Cebreiro gesprochen worden, von den Strapazen, die uns bevorstanden.

Doch so schlimm war es zum Glück nicht. Anstrengend und ermüdend war vor allem, dass der Pilgerweg die ersten Kilometer meist neben der Straße auf Asphalt verlief. Hier ritt ich, weil ich mich dadurch im Straßenverkehr sicherer fühlte, später auf den Wanderwegen verschonte ich meinen gerade erst genesene Kumpel und lief neben ihm her.

Stetig bergauf ging es erst die letzten zehn Kilometer ab dem kleinen, verschlafenen Dorf Ruitelan.

Die Landschaft verschwand bald unter dichtem Nebel. Je höher wir kamen, desto düsterer wurde es und ich hatte Mühe, die gelben Wegmarkierungen zu finden. Wir durchquerten weite Wälder und steinige Almweiden, wo ich neugierige Jungpferde verscheuchen musste, die uns nachliefen.

Ganz plötzlich tauchte in der Dämmerung nebelverhangen O Cebreiro vor uns auf.

Dieses Dorf wurde in meinem Pilgerführer sehr gepriesen, ein bekannter galizisch-keltischer Vorzeigeort.

In der Dunkelheit und im Nebel wirkten die strohgedeckten, runden Steinbauten und die gepflasterten Straßen mystisch und geheimnisvoll, die Straßenbeleuchtung war sehr spärlich. Der Wind blies hier auf 1.300 m Höhe eisig. War ich froh, die Herberge am Ende des Ortes zu erreichen!

Zur Herberge gehörten auch drei ziemlich neu errichtete Pferdeboxen. Ich hatte mich in Villafranca vergewissert, dass es diese gab. In Galicien sollte ich noch öfters neuere Herbergen mit Pferdställen finden – also war ich doch nicht die einzige Pilgerin mit Pferd...

Einhundertfünfzig Kilometer trennten uns jetzt noch von Santiago.

Leider war außer verschimmelter Einstreu nichts in den Ställen.

Futter musste ich wieder selbst organisieren.

Etwas außerhalb des Ortes kaufte ich einen Ballen Heu bei einem Bauern, den ich zu Galipolis schleppte, der schon ungeduldig darauf gewartet hatte. Ich besaß auch noch einen kleinen Vorrat an Hafer.

Die Pilgerherberge war gut belegt, sauber und warm. Ich musste nicht erst selbst einheizen, welche Wohltat!

Nach einem kurzen Rundgang im Dorf legte ich mich bald schlafen, ich war ziemlich müde und hatte wohl Kondition abgebaut in den letzten sechs Ruhetagen.

Auch am folgenden Tag konnte ich kaum etwas von der vielgepriesenen, schönen galizischen Landschaft erkennen. Der Nebel hielt sich hartnäckig hier oben, das hatte aber auch seinen Reiz. Nebelschwaden zogen durch die Steineichen des Waldes und verwandelten diesen in einen mystischen Zauberwald.

Wir passierten die riesige Statue „San Roque" und erklommen den Alto de Poio. Es hatte mich wieder gepackt – das Weiterziehen, die Leidenschaft, die Natur, die Stille – hier war ich glücklich und frei.

Unser Zwangsaufenthalt lag gedanklich bereits weit zurück. Ein bisschen Wehmut empfand ich noch, aber meine Energie war wieder ganz auf unseren Jakobsweg gerichtet.

Der Abstieg von O Cebreiro nach Triacastela führte ziemlich anstrengend über steile, steinige Pfade. Wir kamen durch kleine Dörfer, die mich wieder in Staunen versetzten. Die Zeit schien hier stehen geblieben zu sein mit den primitiven, alten Steinhäusern und gepflasterten Straßen.

Nach Triacastela entschied ich mich für die kürzere und angeblich schönere, aber hügelige Strecke über Montan. Sarria würde heute unser Ziel sein.

Hier traf ich den ersten Pilger mit Pferd auf meiner bisherigen Reise!

Ein junger Mann aus Belgien kam uns entgegen in Begleitung eines vollbepackten Tinkers. Er war zu Fuß von Belgien nach Santiago gepilgert, hatte dort von einem anderen Pilger – Didi aus Frankreich, dessen Einträge in Gästebüchern ich schon in Frankreich gelesen hatte – das Pferd gekauft und wollte nun mit ihm zurück in seine Heimat.

Da alle Pilger irgendwie eine große Familie sind, kannte er bereits sowohl meinen Namen als auch den meines Pferdes und wusste, woher wir kamen! Wir wünschten einander viel Glück und jeder ging in eine andere Richtung davon.

Heute hatte ich mir viel vorgenommen, beinahe vierzig Kilometer von O Cebreiro bis nach Sarria. Leider gab es keine passenden Herbergen dazwischen. In der Dunkelheit kamen wir endlich in der Stadt an. Plötzlich erschrak Galipolis und wollte keinen Schritt weiter gehen. Ich war das nicht gewohnt von meinem Pferd.

Die Ursache seines Erschrecken war – ein Pferd!

Zum zweiten Mal an diesem Tag traf ich einen Pilger mit Pferd und ich wusste auch sofort, das hier konnte nur Didi, der Franzose, sein. Er war in Begleitung eines schweren Kaltblutpferdes und ebenfalls am Rückweg von Santiago. Er hatte sein Pferd einfach getauscht, nachdem er monatelang mit ihm unterwegs gewesen war. Ich konnte mir das absolut nicht vorstellen. Wie konnte man seinen Kameraden, der treu alles mitmachte, einfach umtauschen? Galipolis würde ich nie im Leben einfach zurücklassen können!

Mit von der Partie war noch ein junges Pärchen, das ich bereits seit St.-Jean-Pied-de-Port kannte. Sie hatten einhundert Kilometer vor Santiago Didi kennen gelernt und kurzerhand entschlossen, mit ihm zu kommen. So kurz vor dem Ziel!

Nun ja, der Weg war doch das Ziel, oder nicht?

Das Pilgerbüro der Stadt lag direkt am Weg. Hier half man mir, einen Stall für Galipolis zu finden.

Wir mussten die ganze Stadt durchqueren, um einen Stall zu finden. Mein Gepäck konnte ich aber gleich in einer nahen Herberge lassen. Fast eine Stunde wartete ich dann vor der Vieh-Versteigerungshalle auf einen Polizisten, der uns aufsperren sollte.

In der Halle waren viele große Boxen, in denen normalerweise Rinder auf Käufer warteten. Ich suchte eine für Gali aus, in der ein wenig Stroh war und die Selbsttränke funktionierte.

Wieder stand ich vor dem vertrauten Problem: es gab kein Heu. Der Polizist fuhr mich noch zum Haus einer alten Frau, die angeblich Kühe hielt. Leider war dem nicht so, sie hatte diese längst verkauft und der Heuboden war leer. Aber die Frau erklärte mir den Weg zu einem Bauernhof und rief sogar dort an, damit man mir helfe.Ich wurde sogar eingeladen, in ihrem Haus zu nächtigen, aber da die Satteltaschen schon in der Herberge waren, lehnte ich dankend ab. In völliger Finsternis machte ich mich auf den Weg zum Bauern. Ich merkte, dass mir die Sicherheit meines Pferdes fehlte, als ich mindestens einen Kilometer alleine in der Dunkelheit lief.

Da die Bäuerin nur loses Heu besaß, knoteten wir mit Hilfe zahlreicher Strohschnüre ein festes, großes Bündel. Wie sollte ich das jetzt tragen?

Nach dem langen Marsch heute gab mir das den Rest. Ich warf mir das Bündel über die Schultern und schleppte mich zurück zu Gali.

Der Weg führte nun bergauf, es regnete und der Wind blies mich fast von der Straße. Ich hatte nur noch einige hundert Meter vor mir, als sich mein Heubündel auflöste und das Heu vom Wind durch die Gegend geblasen wurde ...

Obwohl ich erschöpft und wütend war, musste ich kurz lachen.

Okay ... es war eher ein verzweifeltes Lachen. Hatte mich jemand in der Dunkelheit gesehen? Ich bot bestimmt einen amüsanten Anblick, wie ich mitten auf der Straße dem Heu nachlief!

Als mein Pferd endlich mit seiner heute etwas kleiner ausfallender Ration Heu versorgt war, konnte ich es kaum erwarten, in meine Herberge zu kommen. Am liebsten hätte ich mich gleich in meinem Schlafsack verkrochen, aber ich brauchte dringend eine Dusche, ich war verschwitzt, staubig und das Heu juckte überall.

Ich reiste zwar mit meinem Pferd angenehm, weil er das schwere Gepäck trug und auch mich die meiste Zeit. Abends allerdings lagen bereits die meisten Fußpilger geduscht und satt in ihren Betten, während ich mich noch um mein Pferd kümmerte.

Aus diesem Grund sagten mir oft andere Pilger, sie wären froh, nur für sich selber verantwortlich zu sein und würden niemals mit mir tauschen wollen ...

Aber für mich als ambitionierte Reiterin und Pferdemensch war es unvorstellbar, OHNE mein Pferd unterwegs zu sein. Galipolis gehörte einfach zu mir.

Wahrscheinlich erweckte ich heute wirklich einen sehr erschöpften Eindruck, denn nachdem ich geduscht hatte, fuhr mich der Hospitalero in ein Lokal zum Abendessen, denn in der Herberge gab es nichts mehr. Ich wäre lieber hungrig ins Bett gegangen, als nochmal los marschieren zu müssen!

Viele der Pilger, die ich nun traf, hatten ihre Reise in Ponferrada begonnen, hauptsächlich waren es nun Spanier, und Frauen traf ich kaum noch.

In Sarria schlief ich wiederum in einem Schlafsaal mit fünfzehn anderen. Trotz Müdigkeit machte ich kaum ein Auge zu, ein Schnarchkonzert hinderte mich daran. Deshalb drehte ich mich noch für ein Stündchen um, als morgens alle gleichzeitig hektisch aufbrachen. Vielleicht, weil ich schon so lange unterwegs war, amüsierte mich diese Hektik, der Stress, den sich viele Pilger morgens machten. Hatte ich mich am Beginn meiner Pilgerschaft auch so verhalten?

Galipolis ging es gut, nur ganz selten hustete er noch, frisch und munter war er in den letzten zwei Tagen marschiert. Die lange Pause in Villafranca hatte ihm gut getan. Trotzdem wollte ich am nächsten Tag eine kürzere Etappe angehen. Um ehrlich zu sein, ich hatte einen gehörigen Muskelkater in den Oberschenkeln vom Bergabgehen. Ich hatte wohl Kondition abgebaut.

Portomarin hieß heute unser Ziel, nur zweiundzwanzig Kilometer entfernt.

Galicien gefiel mir, überall war es grün. Die Wälder bestanden Großteils aus uralten Steineichen, die verkrümmt wie verwunschene Fabelwesen gen Himmel wuchsen. Dazwischen lagen vereinsamte Dörfer mit halbverfallenen Häusern. die uns in die Vergangenheit zurückzuversetzen schienen.

Portomarin lag am aufgestauten Fluß Mino, den wir über eine lange Brücke überquerten, um in den Ort zu gelangen. Das ursprüngliche Dorf war im See versunken, fast schauerlich ragten noch einige Gemäuer aus dem Wasser.

In den Sechziger Jahren hatte man den See aufgestaut und das neue Portomarin weiter oben errichtet. Die Kirche und erhaltenswerte Bauwerke waren dabei Stein für Stein abgetragen und wieder aufgebaut worden.

Als ich in den Ort ritt, begegnete mir ein Paar. Der Mann schob einen Rollstuhl, in dem seine Begleiterin saß. Wir grüßten uns freundlich und ich machte mich auf die Suche nach einem Stall für Galipolis.

Es gab ein „Campo de Feria", wo im Sommer Feste gefeiert wurden. In einem der überdachten Viehstände könnte ich mein Pilgerpferd lassen, erlaubte mir eine Gemeindebedienstete.

Das gefiel mir gar nicht – zu weit von der Pilgerherberge entfernt, kein Gras und Galipolis wäre dem starken Wind ausgesetzt gewesen. Also hieß es: weitersuchen!

Ich band mein Pferd einstweilen an und überlegte, wo ich nach einem Bauernhof fragen könnte. Der Zufall half mir sogleich, als mir wiederum das Paar begegnete, das mich so freundlich gegrüßt hatte.

„Wo ist denn dein Pferd?" fragten sie neugierig. Ich erzählte es ihnen und dass mir der Platz nicht zusagte, woraufhin der Mann meinte.

„Stell ihn doch zu uns in den Patio!"

Das war zwar nur eine Garage, aber bestimmt besser als der derzeitige Ort, dachte ich dankbar.

Beim einzigen Bauer Portomarins bekam ich Heu. Sein Hof war winzig – Galipolis hätte hier keinen Platz gehabt. Der niedrige Kuhstall bot kaum Platz für die eigenen Rinder und Ziegen. Der Hof lag mitten in der kleinen Stadt und war zum Glück nicht allzu weit von meinen Gastgebern Angel und Jessy entfernt.

Ich trank noch Kaffee bei den lieben Leuten. Der galizische Akzent gefiel mir, manchmal war er sehr schwer zu verstehen, denn die Menschen schienen beim Sprechen zu singen.

Ich merkte es selber nicht, aber anscheinend machte ich doch schön langsam einen etwas mitgenommenen Eindruck. Meine Hände waren durch die Kälte rissig geworden, einige tiefe Risse hatten sich entzündet und die Fingernägel waren schwarz und brüchig. Meine Kleidung war auch nicht mehr die beste und wurde auch kaum noch richtig sauber oder trocken. Erst als Angel seiner Frau eine Hautcreme reichte und Jessy liebevoll meine Hände damit massierte und mich beide dabei mitleidig ansahen, wurde mir bewusst, wie ich auf sie wirken musste.

Nun ja, wie eine Vagabundin ... Ich musste lächeln, bestand doch kein Grund, warum jemand Mitleid mit mir haben sollte!

Als ich am Morgen zu meinem Pferd kam, erlebte ich wieder mal eine Überraschung.

Ich betrat den Patio mit Angel und wir trauten unseren Augen nicht: Das Garagentor stand einen kleinen Spalt offen und Galipolis war verschwunden!

Mein Herz begann zu klopfen. Doch als ich genauer hinsah, bemerkte ich, dass mein Pferd, immer noch angebunden am Torgriff, im Freien stand. Mitten auf der Straße!

Ich hatte am Vortag keine andere Möglichkeit gefunden und Galipolis am Tor angebunden. In der Nacht war ihm anscheinend langweilig gewesen – er hatte das schwere Schiebetor nach außen gedrückt und war durch den kleinen Spalt geschlüpft! Ich hatte abends noch gedacht, alles was passieren kann, ist, dass der unstabil wirkenden Griff abbricht und Galipolis frei in der Garage herumläuft …

Zum Glück lag das Haus an einer ruhigen Nebenstraße. Aber bestimmt hatten sich einige Autofahrer gewundert, warum ein Pferd nachts mitten auf der Straße angebunden stand!

Er war bestimmt schon abends ausgebrochen, denn Heu und Wasser war kaum angerührt. War ja für ihn nun unerreichbar in der Garage drinnen gewesen.

Angel war anfangs genauso erschrocken wie ich, doch bei näherem Hinsehen konnten wir keinen größeren Schaden erkennen. Die Schiene, woran das Tor hing, war etwas verbogen. Das würde sich leicht wieder reparieren lassen, meinte Angel. Er war dennoch sehr verwundert, welche Kräfte mein Pferd besaß …

Im Glauben, mein Pferd sei satt, hatte ich lange geschlafen. Nun waren wir erst gegen Mittag bereit für den Aufbruch, denn Galipolis musste erst noch ausgiebig frühstücken. Ein Mitpilger verfütterte an Galipolis noch die übrig gebliebenen Spagetti vom Vortag und er verspeiste sie tatsächlich bis zur letzten Nudel.

Mein Pferd entwickelte sich zum Allesfresser… Wenn ich unterwegs etwas aß, egal, ob Kekse, Schokolade, Käsebrot oder was auch immer, Galipolis wollte stets seinen Anteil davon haben!

Er dachte wohl: Was gut für Frauchen ist, schmeckt auch mir.

Trotz verspätetem Abmarsch erreichten wir – nach vierzig Kilometern – ohne Probleme mein Tagesziel Melide.

Der Pilgerweg führte jetzt meist über Sandpfade und durch zahlreiche kleine Dörfer. Nach Portomarin hatten wir eine anstrengende Steigung, aber bald schon wurde es glücklicherweise flacher und Galipolis immer flotter.

Morgens hatte die Landschaft noch unter einer dünnen Eisschicht gelegen, doch mittags gewann endlich wieder die Sonne und wärmte uns zaghaft. Nach einer gefühlten Ewigkeit mit Wolken und Regen war der strahlend blaue Himmel nun ein wundervolles Geschenk!

Nun konnten wir wieder eine richtige Rast einlegen, bei der Galipolis abgesattelt in Ruhe eine Stunde grasen konnte. Ich legte mich einstweilen sogar ohne Jacke in die Wiese, so angenehm warm war es plötzlich wieder.

Es war eigenartig, mich beschlich nun immer wieder ein komisches Gefühl: Ich wollte im Grunde genommen gar nirgends ankommen. Wir waren dem Ziel so nahe. Ständig sah ich Schilder am Weg, auf denen stand, wie weit es noch bis Santiago war.

Je näher es rückte, desto trauriger wurde ich. Einerseits freute ich mich natürlich, nach so langer Zeit endlich anzukommen, aber ich bedauerte jetzt schon, dass dieses Wanderleben bald zu Ende sein würde. Dieses einfache Nomadenleben würde der Vergangenheit angehören. Ich hatte längst begriffen, dass der Weg an sich das Wertvolle und Wichtige war und hoffte, dass ich Gelassenheit und hoffentlich auch ein bisschen Weisheit mitnehmen würde für die Zukunft. Und Intuition, Urvertrauen, Kraft ...
Andere Pilger hatten dieselben gemischten Gefühle, erzählten mir einige. Trotz Freude über das Ende der Strapazen überwiegt die Trauer, dieses freie, einfach Unterwegssein wieder aufgeben zu müssen.

Melide war wieder eine größere Stadt. Bei unserer Ankunft war es natürlich wieder spät. Auch wurde es jetzt bereits früh dunkel. Durch meinen Pilgerführer wusste ich, es gab wieder eine Herberge mit Pferdestall. Deshalb brauchte ich mir keine Sorgen um die Nächtigung zu machen.
Wiederum gab es kein Futter für Galipolis – nur ein wenig altes, nach Schimmel riechendes Heu. Der Garten um das Gebäude war aber groß genug, um Galipolis einige Stunden grasen lassen zu können.
Mit einigen spanischen Pilgern besuchte ich später die berühmteste Pulperia der Stadt. Hier gab es nur eines zu essen: Tintenfisch!
Meine Mitpilger luden mich ein – Frauen bezahlen nicht in Spanien, versicherten sie stolz – und obwohl es meiner Meinung nach ekelig aussah, schmeckte Tintenfisch in Sauce lecker.
Statt Getreide bekam Gali abends und auch am nächsten Morgen hartes Brot, das ich in der Pulperia geschenkt bekommen hatte. Außerdem hatte ich Karotten und Äpfel eingekauft – in der Stadt waren wir eben flexibel.

Nur mehr etwas über fünfzig Kilometer bis Santiago de Compostela! Wie schnell diese letzten dreieinhalb Monate vergangen waren ...

Unser vorletzter Tag verwöhnte uns wieder mit weichen Sandwegen, führte durch Eukalyptuswälder und verlassen liegende Dörfer.
Alle fünfhundert Meter stand nun ein Stein am Wegesrand, auf dem die Entfernung zu Santiago angegeben war. Mit etwas Wehmut dachte ich an die vielen Kilometer und Orte hinter uns ...
Abends kehrten wir in Arca, auch O Pino genannt, ein. Auch hier gab es bei der öffentlichen Herberge neuerrichtete Pferdeställe. Ich suchte den Saubersten aus, denn in den meisten lag vergammelte Einstreu, und ich fand etwas Heu, das wohl andere Reiter zurückgelassen hatten.

Ich lief wiederum ein Stück zu einem Futtermittelhändler und ergatterte tatsächlich nach hartnäckigem Bitten einige Kilo Gerste. Der Verkäufer wollte anfangs keinen Sack öffnen – er verkaufe nur den Ganzen – aber ich überzeugte ihn, als ich mich als Pilger zu erkennen gab. Zufrieden konnte ich Galipolis eine Ration Kraftfutter geben. Er brauchte es auch dringend. Zum letzten Mal musste ich mich heute Abend um sein Futter sorgen.
Mein Mann Gerhard und sein Cousin Günther waren bereits unterwegs und würden in einigen Stunden hier in der Herberge eintreffen. Sie kamen mit Auto und Pferdeanhänger, um uns beide wieder nach Österreich zurückzubringen.

Die letzte Woche hatte ich ausschließlich Spanier getroffen und freute mich daher, als ich in der Herberge einen deutschen Pilger kennenlernte.
Unruhig schlief ich später ein und wirre Träume verfolgten mich. Nur noch zwanzig Kilometer bis Santiago ... Ich war nervös, unruhig.

Um halb zwei Uhr nachts kamen endlich mein Mann und Günther an. Sie hatten sich verfahren und daher war es so spät geworden.
Es war eigenartig, meinen Mann nach so langer Zeit wieder zu sehen. Mein Leben war auf meiner Pilgerreise so anders. Ich war anders, verändert, und konnte mir momentan gar nicht vorstellen, wieder nach Hause in mein altes Leben zurück zu kehren ...

Diese Gedanken versetzten mich plötzlich in Panik. Aber, wir Menschen sind anpassungsfähig – daheim sollte ich schnell wieder in den Alltag zurück finden.

Der Hospitalero hatte ausnahmsweise erlaubt, dass die beiden hier bleiben durften. Normalerweise waren die Herbergen ja nur für Pilger zugänglich, Autoreisende wies man für gewöhnlich ab. Erschöpft von der langen Autofahrt waren Gerhard und Günther bald eingeschlafen. Ich hatte ihnen zwei Betten in meinem Schlafsaal reserviert.

Ich aber lag lange wach. Einerseits wegen der lauten Schnarchgeräusche, andererseits wegen der vielen Gedanken in meinem Kopf.

Zwanzig Kilometer bis Santiago de Compostela!
Es war unglaublich für mich, aber unser letzter Tag war angebrochen. Mein Mann Gerhard wollte mich morgens überreden, doch ohne Gepäck loszureiten. Aber das konnte ich nicht. Unwillig ließ ich einiges zurück, meine Packtaschen fühlten sich leer und so leicht an … Galipolis freute sich gewiss darüber, doch ich fühlte mich unvollständig, hatte ich doch sozusagen mein gesamtes Hab und Gut ständig bei mir gehabt.

Es war Sonntag und kurz nach Sonnenaufgang waren wir bereit für unsere letzte Etappe.
Der Ort Arcos zog sich entlang an der stark befahrenen Landstraße. Dieser folgten wir eine Weile. Ein paar betrunkene Jugendliche vor einem Lokal kamen gelaufen, als ich an ihnen vorbei ritt. Sie wünschten mir Glück, wollten mich küssen und gaben mir Glücksbringer mit: einen Schal und einen süßen, großen Stoffhund. Ich war gerührt und zog weiter. Vielleicht waren auch sie Pilger und hatten letzte Nacht ihre Ankunft gefeiert?

Es war kalt, die Wege vereist und rutschig, wir mussten aufpassen. Ich hatte es nicht eilig, wollte noch jedes kleinste Detail des Weges in mich aufsaugen, um nichts zu vergessen … die Eukalyptusbäume, die galizischen Häuser, Getreidespeicher auf Stelzen…
Unsere Reise ging tatsächlich zu Ende!
Ich war so unsagbar glücklich und dankbar, dass wir es tatsächlich bis hierher geschafft hatten.
Am Monte de Gozo, dem letzten Berg, besser Hügel, vor Santiago, sah ich andächtig hinunter in die Stadt. Die Pilger vor Jahrhunderten hatten von hier aus die riesige Kathedrale erblickt, aber heute

versperrten hohe Gebäude der Großstadt die Sicht darauf. Hier am Monte de Gozo befand sich eine riesige Herberge – vierhundert Pilger konnten beherbergt werden. Ich fand diese Anlage hässlich und durch die Größe sehr unpersönlich.

Ein kurzer Abstieg und schon waren wir da – Santiago de Compostela!

Langsam und andächtig suchte ich die gelben Pfeile, die uns ins Zentrum bringen sollten. Anfangs noch auf den lauten verkehrsreichen Straßen, aber bald schon betrat ich mit meinem treuen Pferd die Altstadt.
Jetzt liefen mir die Tränen über die Wangen. Mein Kopf fühlte sich benebelt an. Ich war nervös und hatte plötzlich Angst, mich zu verlaufen. Daher fragte ich ständig Passanten, ob wir uns auf dem richtigen Weg zur Kathedrale befanden, was mir auch immer lächelnd bestätigt wurde. Manch einer reichte mir seine Hand und drückte meine aufmunternd.

Und dann standen wir plötzlich auf dem Platz vor der mächtigen Kathedrale.
Wir waren tatsächlich am Ziel! Und die einhundertsechzehn Ausnahmetage meines Rittes waren unwiederbringlich vorbei …
Welch ein Gefühl, am liebsten wollte ich laut schreien vor Freude. Stattdessen stand ich einfach nur da und bedankte mich still und demütig bei meinem Pferd.

Gerhard und Günther hatten schon auf uns gewartet und machten Fotos. Kaum hatte ich mit Gali den riesigen Platz betreten, wurden wir von einer neugierigen Menschenmenge umringt. Aufgeregte Menschen wollten erfahren, woher wir kamen, und beglückwünschten uns. Einige wollten mit uns fotografiert werden, wir waren anscheinend die Attraktion!
Leider gefiel das den anwesenden Aufsichtspersonen von der Guardia Zivil gar nicht. Sie kamen und verwarnten mich streng. Ich solle den Platz schnell verlassen, ab zehn Uhr vormittags sei es verboten, den Platz mit einem Pferd zu betreten …

Ich war sprachlos. Drei Monate und drei Wochen waren wir hierher gepilgert und nun sollten wir schleunigst verschwinden?

Es sei zu gefährlich mit dem Pferd in der Menschenmenge, erklärten die Uniformierten unfreundlich und barsch.

Da ich es verständlicherweise hinauszögerte, den Platz zu verlassen, wurde ich sehr genau beobachtet und kurz darauf abermals unfreundlich aufgefordert, sofort zu verschwinden. Sonst müsste ich Strafe bezahlen.

Nach 3.100 Kilometer – diese Behandlung tat weh!

Traurig fügte ich mich schließlich. Mein Mann hatte sein Auto mitsamt Hänger in der Nähe geparkt. Wir verluden Galipolis. Selbstverständlich und ohne Zögern stapfte er auf den Hänger. Danach besuchte ich die Pilgermesse in der Kathedrale.

Die Kirche war überfüllt, die Messe und der Pilgersegen feierlich gestaltet. In langen Reihen zogen wir Pilger am Grab und der Statue des heiligen Jakob vorbei. Die Zeremonie war berührend, ich sah mich um und bemerkte, dass ich nicht die Einzige war, die nasse Augen hatte. Die Freude war groß, als ich zumindest einige der mir lieb gewonnenen Pilgerfreunde traf – die Franzosen David und Christof, mit denen ich vor Wochen ein Stück des Weges gegangen war und die Spanier der letzen Woche.

Letzte Umarmungen und Glückwünsche und unsere Wege trennten sich endgültig.

Ich ließ mir noch die Pilgerurkunde im zuständigen Büro ausstellen, die wie vor Jahrhunderten in Latein geschrieben war.

Einige Kilometer vor Santiago hatte ich in der Nähe des Weges einen Pferdehof gesehen. Dorthin fuhren wir jetzt und zum Glück war Platz für Galipolis. So nahe bei Santiago war die Unterkunft zwar nicht billig, aber Galipolis hatte den besten Stall verdient! Es war eine schöne, gepflegte Anlage und ich wusste mein Pferd gut versorgt. Zwei Tage durfte er sich hier erholen und tagsüber auf einer Weide grasen.

Dann war Zeit für die Heimreise.

Die Landschaft flog vorüber und drei Tage später waren wir wieder in Österreich.

Wie gerne hätte ich noch Finisterre besucht – drei bis vier Tage von Santiago entfernt. Finisterre – das Ende der Welt. Als man noch dachte, die Erde sei eine Scheibe war Finisterre das eigentliche Ziel einer Pilgerreise. Man wollte sehen, wo die Sonne im Meer versinkt. Aber ich wollte meinem Pferd nach seiner überstandenen Infektion keine weitere unnötige Anstrengung zumuten, er hustete zwar selten, aber doch ab und zu.

Galipolis erholte sich Zuhause zum Glück vollkommen. Ein einziger winziger Satteldruck hinterließ eine weiße Stelle auf seinem Rücken, ansonsten hatte er den langen Ritt sehr gut überstanden.

Mein Ziel war erreicht, ich hatte mich nicht von schwierigen Umständen davon abhalten lassen und auch niemals daran gezweifelt, es zu schaffen.

Rückblickend bin ich sehr dankbar und überzeugt davon, dass mir und meinem Pferd durch viele kleine Wunder geholfen worden war. Immer war Hilfe da gewesen, wenn wir sie nötig gehabt hatten, ich weiß, dass ich viel daraus für mein weiteres Leben lernen kann. Ich hoffe, diese Erfahrungen auch umsetzen zu können im Alltag.
Wenn wir Vertrauen haben zu uns selbst, und auch in unsere Mitmenschen, und Mut, unsere Träume zu verwirklichen, dann schaffen wir alles, was wir uns wünschen.
Wir dürfen uns nur nicht von Menschen beeinflussen lassen, die unsere Vorhaben für unmöglich, nicht durchführbar oder dumm halten. Wenn wir an etwas glauben und unsere ganze Energie darauf verwenden, dann gelingt es auch. Ich weiß, wir ziehen dadurch genau die Menschen oder Umstände an, die notwendig sind, um unser Ziel zu erreichen – das bedeutet für mich Zufall.
Wir müssen nur daran glauben!
Heißt es nicht schon in der Bibel: Es geschehe nach deinem Glauben?

Wer weiß, vielleicht habe ich mit meinem Ritt im Alleingang einigen Menschen Mut gemacht, ihre eigenen Träume zu verwirklichen und daran zu glauben dass nichts unmöglich ist!

Für mich wird es bestimmt wieder einen ähnlichen Ritt mit meinem Freund Galipolis geben.
Unsere Erde ist so wunderschön und diese Art des Unterwegssein mit der Möglichkeit, das Leben besonders intensiv wahrzunehmen und zu spüren, war ein sehr wertvolles Erlebnis für mich.

Ich nehme mir vor, mich nicht so leicht wieder in den Strudel aus Stress, Arbeit, Erfolg, den Anforderungen anderer usw. hineinziehen zu lassen, und wenn doch, ziehe ich hoffentlich rechtzeitig die Notbremse und sattle Galipolis!

Pläne für den nächsten weiten Ritt gäbe es schon, und wenn ich mir mal etwas in den Kopf gesetzt habe ...

Epilog

Heute – siebzehn Jahre später – ist Galipolis noch immer das beste Pferd für mich und wird stets eine Sonderstellung unter meinen Pferden haben!
Er bewies Mut, Ausdauer und ganz viel Herz auf dieser Reise und auch in den Jahren danach.
Sein toller Charakter bringt mich zum Schwärmen. Auch wenn er anderen Pferden gegenüber oft dominant war – bei Wallachen oder anderen Hengsten sogar aggressiv werden konnte – er ist eben ein selbstbewusster, stolzer Hengst, der bis heute mit Stuten leben darf.

In den zwei folgenden Jahren nach dem Pilgerritt absolvierte Galipolis mit mir Spring- und Vielseitigkeitsturniere. Sein absolutes Vertrauen dabei in mich und seine Freude bei der Arbeit waren einfach wunderbar. Galipolis erstaunte mich jahrelang mit seiner guten Kondition, Schwitzen oder Müdigkeit schien er nicht zu kennen.
Er besaß auch eine gute Dressurveranlagung und ich versuchte, ihn gefühlvoll nach klassischen Grundsätzen weiter auszubilden. Turniere besuchten wir nur zum Spaß, und trotz seiner tollen Sprungtechnik beendete ich 2007 den Turniersport. Das war nicht unsere Welt ...
Wir unternahmen lieber, sooft es meine Zeit erlaubte, Ausritte oder längere Wanderritte in die schöne Natur.
Galipolis bewährte sich auch als feinfühliger Lehrmeister für einige meiner Reitschüler.

Zehn Jahre nach dem Ritt nach Santiago de Compostela unternahm ich mit meinem Pferdefreund einen „Nostalgieritt". In einem Monat ohne genauen Plan ritt ich über die Steiermark bis Slowenien und über das Burgenland wieder zurück – etwa siebenhundert Kilometer. Und das Fieber hatte mich gleich wieder gepackt …

Nun ist Galipolis tatsächlich zweiundzwanzig Jahre alt und ich darf seit Beginn sein Mensch sein! Ich bin dankbar.

Er genießt seit zwei Jahren seine Pension in einem Offenstall mit einer Angloaraber- und einer alten Shettystute bei mir daheim. Wegen einer Krongelenksarthrose muss er keine Reiter mehr tragen, das gehört der Vergangenheit an. Aber er mag es sehr, von Kindern geputzt und verwöhnt zu werden, ein paar Zirkuslektionen zu zeigen oder zu Spaziergängen an der Hand mitgenommen zu werden.

Und schon bald wird sein zweites Fohlen das Licht der Welt erblicken. Das könnte mein Wanderreitpferd werden bis zu meinem Achtziger … Genau das werde ich dem Fohlen versprechen nach seiner Geburt … Ja, so mach ich das!

Margit Rumpl
Morgen finde ich dich!
Autobiografischer Roman

Mit einundzwanzig Jahren folgt die Autorin ihrer Sehnsucht und fährt spontan nach Andalusien. Dort lernt sie einen jungen Mann aus Südamerika kennen, und statt der geplanten Auszeit von sechs Monaten nimmt durch diese Begegnung ihr Leben eine unvorhersehbare Wendung.
Ein gemeinsames Baby, die Suche nach einem Zuhause, die abenteuerliche Reise nach Nicaragua und zunehmende Probleme in der Beziehung sind nur der Anfang der Geschichte …
Der Rest ist eventuell vergleichbar mit „Nicht ohne meine Tochter" von Betty Mahmoody.

ISBN: 978-3-7526-0228-9
Verlag: BoD – Book of Demand, Norderstedt
© 2020 Margit Rumpl

Margit Rumpl,
geboren 1966, entschloss
sich schon in ihrer
Kindheit, ihr Leben den
Pferden zu widmen.
Daneben zog es sie immer
wieder in die Ferne, sie
verbrachte drei Jahre in
Spanien, Zentral- und
Südamerika.
Nun lebt sie seit 1997 in
Gresten, Niederösterreich,
wo sie mit ihrem Mann
einen eigenen Reiterhof
betreibt und Pferde und
Reiter ausbildet. Sie hat
einen erwachsenen Sohn.

Bibliografische Information der Deutschen Nationalbibliothek:
Die Deutsche Nationalbibliothek verzeichnet diese Publikation in
der Deutschen Nationalbibliografie; detaillierte bibliografische
Daten sind im Internet über dnb.dnb.de abrufbar.

Herstellung und Verlag: BoD – Books on Demand, Norderstedt
Grafik & Layout: Martina Eichhorn
Fotos: Margit Rumpl
© 2022 Margit Rumpl
2. Auflage
ISBN: 9783754398517